日本人が知るべき東アジアの地政学

茂木 誠

PHP文庫

○本表紙図柄＝ロゼッタ・ストーン（大英博物館蔵）
○本表紙デザイン＋紋章＝上田晃郷

はじめに

■日々のニュースに踊らされないために、地政学で〝知的武装〟せよ

二〇一五年十二月、安倍政権と韓国の朴槿恵《パククネ》政権はいわゆる「慰安婦合意」を結び、日本側が「おわびと反省」を表明、慰安婦財団に一〇億円を拠出することを条件に、「この問題が最終的かつ不可逆的に解決されることを確認」しました。ところが、翌二〇一六年には朴槿恵大統領の知人が国政に介入したスキャンダルが発覚したことを発端として大衆の怒りが爆発し、政権は崩壊してしまいます。

二〇一七年三月、史上初の大統領罷免を経て、新たに誕生した文在寅《ムンジェイン》政権は、南北統一を他の何よりも優先する政策を取り始めました。その一方で、核実験やミサイル発射実験に明け暮れていた金正恩《キムジョンウン》朝鮮労働党委員長が二〇一八年当初から態度を一変させ、平昌《ピョンチャン》冬季オリンピックへの一部南北合同参加を経て板門店《パンムンジョム》軍事境界線での二度にわたる文在寅との南北首脳会談に応じ、さらにトランプ大統領との史上初の米朝首脳会談（シンガポール）、文在寅大統領が平壌《ピョンヤン》を訪れての南北首脳会

談と、非核化・経済制裁の解除をめぐる交渉へと続きました。
その一方で二〇一九年二月、韓国が「三・一独立運動百周年」を大々的に祝う直前、ベトナム・ハノイで行われた二度目の米朝首脳会談は事実上の決裂に終わり、今後再び交渉が進むのか、それとも対立へと逆戻りするのか、注目が集まっています。

文在寅政権は日本に対し、強硬とも軽視とも受け取れる態度を取り続けています。かつて日本統治時代に「徴用」されていたと主張する韓国人に対して新日鉄住金に慰謝料の支払いを命じる判決が二〇一八年十月に韓国最高裁で確定し、一九六五年の日韓基本条約と日韓請求権協定によってスタートした戦後の日韓関係を根底から覆しかねない事態になっています。しかしこうした動きに対しても、文在寅政権は「三権分立の立場から司法判断には介入しない」として放置し続けています。そして「慰安婦合意」のもとに日本が拠出した資金で韓国側が設立した「和解・癒やし財団」は翌十一月に解散を決定、事実上一方的に慰安婦合意を破棄した状態になっています。

さらに翌十二月には日本海での韓国海軍の軍艦が日本の海上自衛隊の哨戒機に対するレーダー照射問題を引き起こし、二〇一九年に入ると文喜相《ムンヒサン》・韓国国会議長による天皇陛下（現・上皇陛下）に対する侮辱的な発言まで飛び出し、日韓関係は国交正常化以降、最悪の状況です。

他方、北朝鮮と日本との関係でも、安倍政権が「最優先事項」としてきた拉致問題の解決が一向に進んでいません。

ここ数年を振り返るだけでも、朝鮮半島にはさまざまな未解決、不透明な問題が存在しているのですが、同時に周辺の国々も、それぞれの国益を追求して蠢《うごめ》いています。

二〇〇〇年以降に高度成長を成し遂げた中国では、「中国の夢」を成就したい習近平政権が事実上終身政権化することに成功し、経済成長と国防費の拡大を同時に進めています。経済規模はＧＤＰで日本の二・五倍強、国防費も年度ベースで四倍近い規模となり、尖閣諸島や南シナ海をはじめとする各地で活発に活動をしているほか、二〇一三年には「一帯一路《いったいいちろ》」と名づけた新たな経済圏構想を打ち出し、世界秩序に対する明白な挑戦を始めました。

これに対し、二〇一七年に就任した米国・トランプ大統領は二〇一八年、貿易収支の不均衡だけでなく、知的財産への不正な行為や為替相場への介入などを理由として、主に関税を武器とした「米中貿易戦争」を仕掛け、真正面からの対決姿勢をあらわにしました。

同時に、トランプ政権とそれを支持したアメリカ人は、米国がこれ以上「世界の警察官」として各地域の問題に関与することを好んでいません。中東からも、欧州からも、そして東アジアからもできるだけ身を引き、今後は同盟各国に相応の負担を求めようとしています。このようななかで、中国は韓国に冷淡な態度を取っているのとは対照的に、日本との「関係改善」をにわかにアピールし始めています。

米朝首脳会談が意のままに進まない状況下で、金正恩が接近しているのは、これまであまり動きを見せていなかったロシアです。対米、対欧州、そして対中国にも問題を抱えているプーチン政権は、これらの問題を有利に動かすための機会を常に狙っています。北方領土問題を抱えている日本との関係も、このように冷徹なリアリズムに基づいて処理されていくでしょう。

韓国、北朝鮮、中国、米国、ロシア、台湾、そして日本。東アジアのプレーヤーである七ヵ国にはさまざまな思惑があります。もちろん、台湾にも、ベトナムやインドにも、さらにブレグジットで揺れる英国にも存在します。

朝鮮半島は、その地政学的な位置から歴史的に各国の利害がぶつかる地域で、朝鮮半島の国家、朝鮮半島の人々の意思だけで動いてきたわけではありません。そして、現在もその状況は変わっていません。

複雑に各国の事情が絡み合うなかで、朝鮮半島に関する日々のニュースだけを表層的にいくら追いかけても、今後の展望や進むべき道は見えてこないでしょう。同時に、最近の韓国政府の反日的な対応に腹を立て、彼らの考え方に首をかしげてみたところで、その外側にあるもっと大きな事情を考えないことには、何も得るものはないのです。

本書の書名でもある地政学はリアリズムの一つで、地理的な所与の条件をもとに国家の行動、国家間の関係を考えるものです。比較的安定した条件に恵まれてきた日本人が、あまり気を配ってこなかった思考法でもあります。

日本はかつて、地政学を軽視し、あるいは曲解したために歴史上いくつかの失敗を犯しました。敗戦国として米軍の駐留を受け入れた日本は、ますます地政学的な考え方、ものの見方から距離を置き、いわゆる「平和ボケ」のなかで成長することを許されてきました。

世界史は地政学抜きに語れません。欧米の政治家や軍の幹部は、海と陸の地政学を熱心に研究し、外交交渉や戦争に活用してきたからです。地政学は過去の学問ではありません。複雑に入り組む現在とこれからの東アジアを読み解く、有力な武器になります。ますます激変していく世界のなかで、日本は過去と同じような失敗をしてはならないはずです。本書は、地政学と世界史によって、東アジアのこれまでとこれからをすっきりと読み解きながら、私たち日本が変化する状況にどう対応していくべきかを考察するものです。

そのきっかけとして、まず本書のカバー（表紙）に使用した地図を改めてご覧ください。見慣れていたはずの東アジアの地図から受ける印象が、南北を逆にしただけで、まったく違ったものになるはずです。これは、太平洋への進出を図ろうとする中国やロシアの視点で見た東アジアです。地政学を知る重要性が、ここに凝縮されています。朝鮮半島はまるで日本に突き立てられた刃《やいば》のようであり、同時に中国やロシアから眺めれば、日本列島はまるで彼らの進路をさえぎる障壁のようにも見えるのではないでしょうか。

■二〇二五年、韓国はなくなっている

地政学と世界史でこれからの朝鮮半島を展望するとき、そう遠くない将来、必然的に、まだ多くの人が予想していない事態が起こると考えています。

それは、「統一朝鮮」の出現です。

早ければ五年、遅くとも十年以内に起きるでしょう。二〇二五年ごろには現実化していてもまったく不思議ではありません。これは、朝鮮半島に存在する二つの国家の都合だけでなく、関係する国々まで含め、「統一する条件が揃《そろ》ったから統一する」ということです。

詳細は順を追って説明しますが、当初は韓国と北朝鮮による緩やかな連邦制、イメージとしては中国本土と香港・マカオのように、新しい政府がヒト・モノ・カネの移動を制限する、一国二制度で運用していくことが考えられます。

この国家を、本書ではあえて「統一朝鮮」と呼ぶことにします。日本で教えられている世界史において、「朝鮮」とは、単に朝鮮半島、朝鮮民族を指すか、時代としては李成桂《りせいけい》が打ち立てた朝鮮王朝（李氏朝鮮、一三九二〜一九一〇年）あるいは北朝鮮（朝鮮民主主義人民共和国）を指します。ですからここで私が用いる「統一朝鮮」とは、韓国の経済力・軍事力によって統一されるのではなく北朝鮮の主導で統一が実現する国家になることを意識しています。

本書では、なぜ統一朝鮮の出現が必然なのか、地政学と歴史をひもときながら説明し、統一実現により周辺各国の関係がいかに変化するのか、今後を予測しながら、私たち日本人にはどんなオプションが残されているのかを考えます。

■米中対立のなかで、日本はどうすべきなのか

実は朝鮮半島、統一朝鮮がどうなるかは、日本にとってさほど重要な問題ではありません。あくまで、現象の一つ、変数の一つにすぎません。

もっと深刻な問題は、米国が衰退し、世界の警察としての役目を終えようとしているなかで、中国の覇権を防ぐために、日本は何をすべきか、どの国と連携すべきかということです。東アジアで交錯する七ヵ国のうち、メインプレーヤーはあくまで米国と中国です。両国の覇権争いがもっとも大きな構造であり、日本も統一朝鮮も、そのなかでどうなっていくかという視点から捉えるべきです。

本書は、次のような構成になっています。

まず第一章で、現在の東アジアを見通すとき、地政学とはどういうものなのか、地政学を知っておくとどのような見方ができるのかについて、できるだけポイントを絞り、わかりやすく述べていきます。そのうえで、東アジアを知るために役立つ「八つのイデオロギー」を整理します。もちろん、地政学のすべてを網羅することはできませんが、東アジアの現状を理解するキーワードとして、明確に整理したうえで解説します。

　続く第二章は、二千五百年にわたる東アジア各国の関係史を、便宜上、朝鮮半島の歴史を軸として整理します。第一章の内容をひと通り頭に入れたうえで通読すれば、それぞれのプレーヤーの意図が、実にすっきりと、シンプルに理解できるようになるはずです。たとえば、なぜ多くの韓国人は「反日」で、「反中」は控えめなのか、韓国の現政権やその支持者が北朝鮮に魅了されてしまうのかも、百年単位の大きな歴史の流れで俯瞰《ふかん》すると、絡んだ紐《ひも》がほどけるように理解できます。そこには、地政学における「半島」の宿命が色濃く反映されているのです。

　こうした根本的な理解をもとに、改めて日々のニュースを見返してみれば、そこに隠されている意味、ヒント、これからの流れが汲み取れるようになり、地政学の醍醐味も味わえるはずです。

　第三章から第七章では、統一朝鮮（韓国＋北朝鮮）、中国、台湾、米国、ロシアという東アジアのプレーヤーごとに、地政学と歴史を踏まえた特徴と現状の分析、そして今後の予測を試みます。

　最後の第八章では、日本が取るべき方策を考えてみましょう。日米同盟は、軍事的に肥大していく中国との関係のなかでどうなるのか。拉致問題や竹島問題の解決、北方四島と日ロ平和条約問題はどうなっていくのか。地政学と世界史の教養をヒントに、東アジアで衝突している各国のイデオロギーを知れば、将来の姿と戦略がおのずと見えてきます。

地理と歴史とイデオロギーは、世界のエリート層ならば身につけている「教養」です。しかし、いま歴史の変わり目に立たされている日本人には、残念ながら地政学の視点が圧倒的に不足しています。

本書が、読者の皆さんの大局的な視点形成のきっかけとなれれば、著者として幸いです。

茂木　誠

日本人が知るべき東アジアの地政学

目次

第一章　地政学とは何か

「リアリズム」で読み解く東アジア

第二章

地政学でひもとく東アジアと朝鮮半島

野望と衝突の二千五百年

第三章 統一朝鮮(韓国+北朝鮮)の戦略

大国間で二枚舌外交を繰り返す半島国家

第四章 中国の戦略

大中華思想を貫く宗主国

第五章 台湾の戦略
シーパワー連合の要となる親日国

第六章

米国の戦略

モンロー主義VSウィルソン主義で揺れる超大国

第七章

ロシアの戦略

スラヴ主義VS西欧主義で停滞する旧超大国

第八章　そして、日本はどうすべきか

シーパワー同盟結成と憲法改正問題

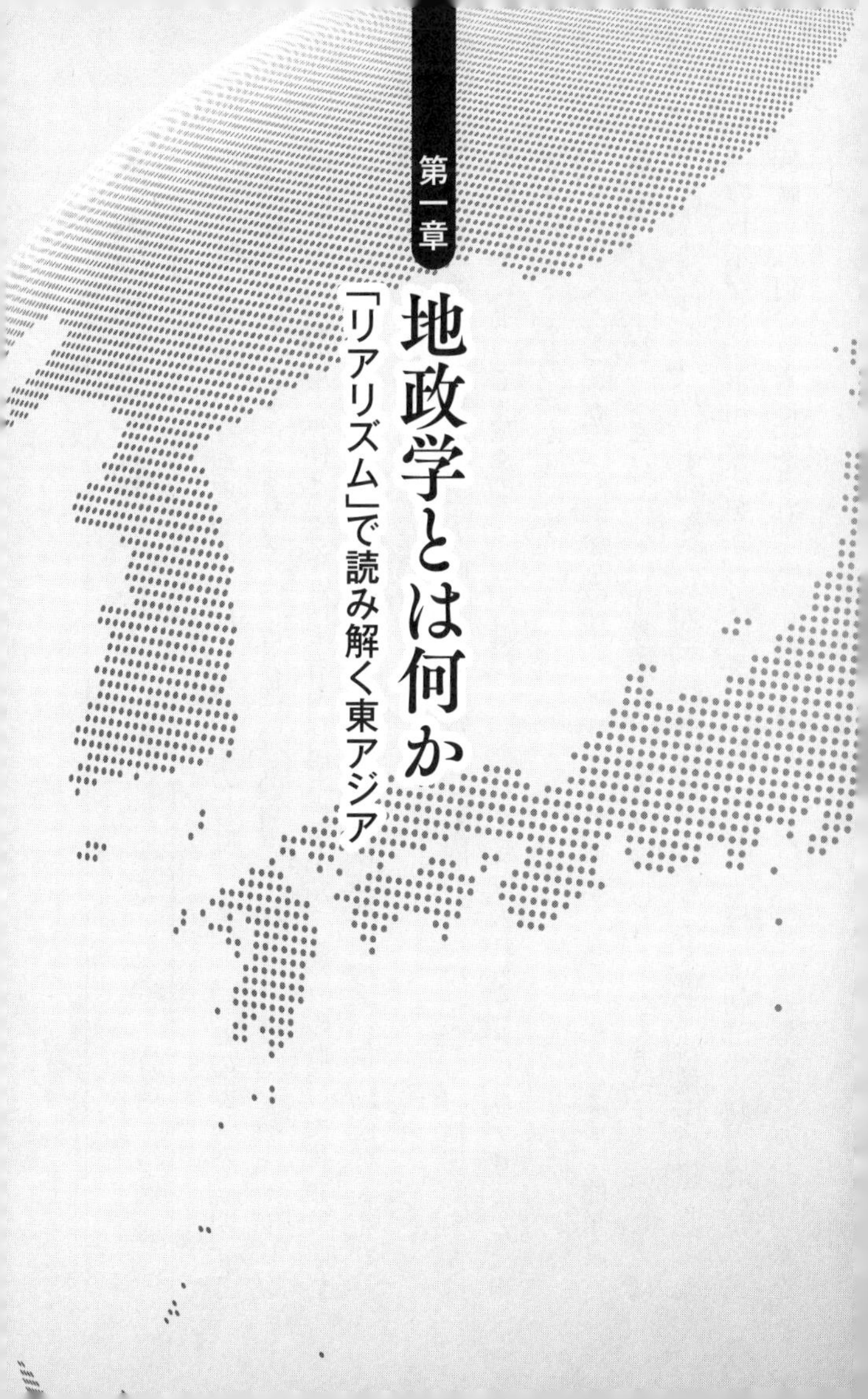

第一章

地政学とは何か

「リアリズム」で読み解く東アジア

国家は地政学で動いている

地政学とは何か。「地理的な条件から国家の行動や、国と国との関係を説明する方法論」ということになります。古典地政学の祖とされるラッツェルやチェーレンは国家を一個の生命体と考え（国家有機体説）、その生き残り《サバイバル》を賭《か》けた縄張り争いが、国際関係を動かしていると考えました。国家は地球上の一定の場所に領土を持つので、地理的条件が重要なのです。

地理的条件は、世界史を方向づける決定的な要因です。なぜなら、地理的条件は人間の手によって改変することが難しく、これを受け入れることはリアリズム（現実主義）そのものだからです。

リアリズムと対立する概念をアイデアリズム（理想主義）と呼びます。簡単に言えば、「こうあるべきだ」という考え方、観念《アイデア》に縛られる考え方です。たとえば「世界はグローバル化すべきである」、戦前の日本なら「大東亜新秩序の建設」、戦後の日本なら「平和憲法を守れば戦争にならない」、最近の朝鮮半島であれば「民族統一は何よりも優先される」、中国ならば「アヘン戦争の恥辱を克服し、中華を再興する」といったことになるわけです。

アイデアリズムは主観ですから、同じ現象でもそれを見る主体によって解釈が異なってきます。先の大戦が「民主主義とファシズムの戦い」だったのか、「アジア解放の聖戦」だったのか、立場によって変わってくる。これでは客観的な学問とは言えません。アイデアリズムに引っ張られるほど、自らの信じる理想によって都合のいい歴史観だけを選び、現実を見失うリスクがあります。

リアリズムは、理想のいかんによらず、単に力の優勢な国家や勢力が勝ち、そうでないものは敗れ去っていく歴史を伝えています。国家対国家、あるいは民族対民族、宗教対宗教、思想やイデオロギー同士の対立は、すべて自己の生存を賭けて相手のリソースを奪うために競争をしたり、協力したり敵対したりしているのであって、それぞれの国家がどういう「理想」を掲げていたかには注目しません。

地政学は、リアリズムに基づく一つの考え方です。国家は、好むと好まざるとにかかわらず、地理的条件のなかで動いていると考えていいでしょう。日本人が長く独立を保つことができたのは、ユーラシア大陸から海という天然の障壁によって守られている島国だったからにすぎません。他国のリソースを奪わなくても自国の豊富な資源で生存することができたのです。つまり、日本人は地政学を知らなくても、あまり他国と争うこともなく生き抜くことができたのです。

実は、地政学を考えるうえで日本と正反対の立場にいるのが朝鮮半島です。彼らを文化の近い隣国と考えるのは一面的です。ユーラシア大陸の一部である半島と、大陸から海を隔てて離れている島国とでは、地政学的に決定的な違いがあります。この違いは、日本や朝鮮半島に国家が成立する以前から、厳然と存在しています。この違いが両国の政治にも文化にも、人々のものの考え方に対しても、強い影響を与え続けているのです。

地政学でなぜ国際情勢がわかるのか

明治維新以降、日本は清、ロシア、中華民国、そして米英をはじめとする連合国と戦争をしてきました。戦後は西側陣営の一員として米ソ冷戦を「戦い」、これに打ち勝ちました。

日本とドイツの敗戦で平和な世界がやってきたのかというと、現実はまったくそうではありません。9・11同時多発テロ事件やアフガニスタン派兵、イラク戦争、対IS作戦に代表される「対テロ戦争」が続き、ロシアやイランが中東に勢力を拡大しています。本書のテーマである東アジアでも、北朝鮮による核・ミサイル開発、韓国では親北朝鮮派の文在寅《ムンジェイン》政権の誕生、そして中国の覇権国家化に対する米中貿易戦争が火ぶたを切り、「米中冷戦」とも言える状況になってきました。長い目で見れば、国家間の対立は切れ目なく続いているのです。

地政学ではそもそも、対立が起きることを当然と考えます。国家も民族も宗教も、人間という生き物が集まった集団であり、生き物の根本的な行動原理は「生存競争」だからです。深く考えるまでもなく、生命《いのち》をつなぐためには獲物をとって食べなければなりませんし、作物を育てるには水資源や肥沃な土地が必要になります。周囲に自分の行動を邪魔し、縄張りを侵害する集団がいれば敵視し、排除することが当然のこととなります。

こうした流れを国家に当てはめ、生命体のように考えるのが、「国家有機体説」なのです。古くは古代ギリシアの哲学者プラトンが唱え、十九世紀のドイツ統一期に主流となった国家観です。明治日本はドイツ憲法学を導入しましたから、大日本帝国憲法の解釈にも国家有機体説が採用されました。これが美濃部達吉《みのべたつきち》博士の「天皇機関説」なのです。人間が生きている以上、集団や国家が生まれ、近くにいる集団や国家同士には軋轢《あつれき》が生じるのは当たり前、というのが国家有機体説から導かれる結論です。

地政学では、この原則に「地形」という要素が加わります。ある集団が占拠している場所が、敵対勢力から見て地続きなのか、川や山を挟んでいるのか、海を隔てているのかなど、さまざまなケースが考えられます。同じような地理的条件であれば、たとえ民族が異なっていようと、同じような行動パターンをすることが多くなります。

日本人はなぜ地政学に疎いのか？

この原則を踏まえると、日本が歴史的に地政学から遠ざかっていた理由もわかるのではないでしょうか。六〜七世紀に隋・唐から軍事的圧迫を受けたヤマト政権は、「敵に学べ」と律令国家となり、その後、国内での内戦は何度かあったものの、外国勢力との戦いは十一世紀初頭の「刀伊《とい》の入寇《にゅうこう》」、十三世紀後半の元による日本遠征「文永・弘安の役／元寇」や、十六世紀末の豊臣政権による朝鮮出兵「文禄・慶長の役／朝鮮側では壬申《じんしん》・丁酉《ていゆう》の倭乱」など、ごく限られてきました。幕末の開国以降、日本は欧米列強との熾烈な勢力争いに挑み、地政学も積極的に学びましたが、残念ながら米国との戦争に大敗しました。敗戦後はその反動からか、地政学をタブー視する風潮が広がりました。

戦後日本の歴史学者のなかには、アイデアリズムを信奉し、日本が敗北した理由は「理想が間違っていたから」と決めつけたがる人もいます。これは裏を返せば、「正しい理想を持っていれば戦争には負けない／戦争は起きない」ということになります。ただ、その考え自体が単なるアイデアにすぎないことは、最近の中国や朝鮮半島の行動が如実に物語っています。

同時に、現在の日本が仮に中国や朝鮮半島よりいくら「倫理的に正しい行動」をとっても、生存競争に勝てる保証はないことを示しています。かつての敗戦の理由を探り、今後どのような戦略をとるべきかは、リアリズムに基づいて追求されなければなりません。地政学はその助けになります。

地政学の基礎知識

地政学を詳しく学ぶには、一冊の書籍ではとうてい足りません。本書を手に取られた一般読者の皆さんには、欧米の研究者が書いた分厚い専門書を読んでいる時間はないでしょう。まずは現在の地政学を形づくった代表的な学者の思想を理解していただき、本書のテーマである東アジア、そして日本の将来を読み解くための要素を概観してみましょう。

地政学は、帝国主義の論理として、十九世紀後半から発展しました。大きな流れとしては、大陸国家《ランドパワー》を目指すドイツ地政学と、海洋国家《シーパワー》を目指す英米地政学とがあります。その代表的な学者を三人紹介しましょう。もっと詳しく知りたい方には、小著『世界史で学べ！　地政学』（祥伝社）をお勧めします。

■イギリス地政学　ハルフォード・マッキンダー（一八六一～一九四七）

マッキンダー

オックスフォード大学教授。同大学に地理学科を創設した人物で、地政学の始祖と呼ぶべき存在。海洋国家《シーパワー》・英国にとって最大の敵は、他の海洋国家勢力ではなくロシアだった。しかし、陸軍兵力に限りのある英国が、ヨーロッパ大陸に上陸してロシアを制圧することはできないので、他の国家と協力して経済的に封じ込めるべきという戦略を打ち立てる。ロシア領の少数民族の独立を助け、ポーランドやバルト三国などを緩衝地帯としてロシアから独立させ、地球の反対側でロシアと対峙していた日本との日英同盟を締結した。この「ロシア包囲網」という発想は、第二次世界大戦後の米ソ冷戦でも採用され、ソ連（共産主義ロシア）を崩壊に導いた。

■ドイツ地政学　カール・ハウスホーファー（一八六九～一九四六）

ドイツ陸軍の将校。英国を最大の敵と考え、ロシアとの「ランドパワー同盟」を組む戦略を提唱。

ドイツの弱点は海軍が弱いこと。日露戦争に日本が勝利したことで日本の実力を認め、日本と英国を争わせることがドイツの利益になると考え、駐日武官として来日。日本研究を始める。英国を排除して世界を米・ソ・独・日で分割するという「パンリージョン・プラン」を提唱し、国内だけでなく日本にもさかんに説いた。のちのナチス幹部には、ヘス副総統、リッベントロップ外相など、その教えに影響を受けた人物が

ハウスホーファー

多数存在する。日本では松岡洋右《ようすけ》外相が旗振り役となった「大東亜共栄圏」や「日独伊三国軍事同盟」へとつながった。しかし、ヒトラーが独ソ戦争を始めたため、ハウスホーファーのプランは破綻した。ドイツ敗戦後、戦犯指名こそ見送られたが、割腹自殺。

■アメリカ地政学　アルフレッド・マハン（一八四〇～一九一四）

米海軍将校として地政学を研究、退官後は研究者となる。

もっとも有名な著書の一つ『海上権力史論』は、米海軍大学校での講義を基にしている。もともと大陸国家《ランドパワー》の米国は、十九世紀末に西部開拓を終えると、英国をモデルとして海洋国家《シーパワー》化を目指すべきだと論じた。

マハン

著書では、海軍力を強化して世界の海を制するための戦略を説いている。同時期に太平洋の反対側で海軍力を強化していた日本とは手を組み、ともにロシアを抑えるべきと唱え、日露戦争を後押しする形となった。マハンに直接学んだ日本海軍の秋山真之は、連合艦隊参謀として日本海海戦でロシア艦隊を撃破した。戦前の陸軍の主流が比較的親ドイツ派だったこと、同じく海軍は親米英派だったことは、昭和期の戦争指導において、陸海軍の深刻な対立を引き起こした。

「バランス・オブ・パワー」が崩れたとき、戦争が起きる

次に、本書を読んでいくうえで、最低限押さえておきたい地政学のキーワードを見ていきましょう。

まず、「バランス・オブ・パワー」、すなわち「力の均衡」とは、同等の軍事力を持つ相手からの反撃が予想される場合には攻撃をためらい、結果的に平和が維持される状態を指します。同じ意味で「抑止力が働く」という言い方もします。反対に、バランス・オブ・パワーが崩れてしまっていると、戦争の危険性はむしろ高くなります。

何らかの理由で軍事的な空白が生じる事態も、バランス・オブ・パワーを崩壊させ、戦争が起きやすくなります。敗戦後の日本はポツダム宣言に基づいて武装解除され、自衛隊発足までの間は丸腰の状態でした。韓国が竹島（独島《ドクト》）を占拠したの

はこのときでした。また冷戦終結直後のフィリピンは、米軍基地の撤収を要求し、実現しました。中国が南シナ海のスプラトリー（南沙）諸島を占拠したのはこのときでした。いずれも、軍事的空白が新たな軍事行動を誘発したのです。バランス・オブ・パワーの崩壊が招いた事態です。

自衛隊が発足したものの、憲法九条で交戦権を禁じられ、法的には丸腰状態が続いている日本が他国の侵略を受けていないのはなぜか？　領海侵犯を繰り返す中国海軍も、尖閣諸島への上陸はためらっています。その理由は明白で、日米安保条約に基づき、在日米軍がその抑止力として機能してきたからです。アイデアリズムで考えると、「日本が憲法九条を守っているから」ということになりますが（笑）。

年七～一〇％以上の軍事費増大を続ける中国は、尖閣諸島への公船派遣や領海侵入だけでなく、南シナ海のサンゴ礁の島々を軍事基地化しています。「一帯一路《いったいいちろ》構想」では、インド洋・地中海沿岸諸国への融資の見返りに港湾など軍事拠点の使用権を確保する動きを活発化し、ミサイル開発やサイバー分野でも「拡充」を続けています。日本以上に、東南アジア諸国やオセアニア、さらには米国、英国までもが懸念しています。日本が憲法九条を守ってきたのに、中国は一方的な軍拡を続けているという事実をよく見るべきです。彼らには憲法九条とそれを信じる日本国民の存在がうれしく映っているでしょう。

バランス・オブ・パワーが崩れて戦争になった典型例は、一九三〇年代の欧州です。悲惨な第一次世界大戦を終え、厭戦《えんせん》気分から各国が軍縮に向かったのに反して、ナチス・ドイツだけが着々と軍備を増強していた。その結果、勢力のバランスが崩れ、第二次世界大戦を招いたのです。簡単に言えば、英国やフランスの人々は「戦争をしたくない」と思っていたからこそ、新しい戦争を招いてしまったのです。これはまさしく「平和ボケ」そのもので、ドイツがオーストリアを併合しポーランドへ侵攻しても、自分たちは戦争に巻き込まれないだろうとタカをくくっていたのです。

バランス・オブ・パワーが崩れて覇権勢力が出現するとき、旧来の覇権国家はその地位を守るため、台頭するナンバーツーの勢力を攻撃します。歴史上、繰り返されてきたことです。紀元前五世紀の古代ギリシアで起きたペロポネソス戦争は、都市国家アテネとスパルタとの戦いでした。両者はともにペルシアと戦っていたのに、ペルシア軍の撤退後は海軍国のアテネが軍備を増強し始め、疑心に駆られたスパルタと衝突したのが原因である、とアテネの歴史家トゥキディデスが『戦史』という本に書いています。

『決定の本質』（邦訳版：日経BP社）や『米中戦争前夜』（同、ダイヤモンド社）で知られるハーバード大学のグレアム・アリソン教授は、多くの戦争がこのパターンで起きていると説明、このような戦争を「トゥキディデスの罠」と呼びました。英国がスペインやオランダを、米国が旧ソ連をねじ伏せたように、米国は中国を許さず、何らかの戦争は避けられないことになります。アリソンの『米中戦争前夜』によれば、過去五百年間の歴史を見ると、ナンバーワンとナンバーツーが覇権争いを行ったケースは一六例あり、そのうちの一二例は戦争に発展したということです。

例外的に戦争に発展せず、平和的に覇権国家が交代した例もあります。第一次世界大戦後の英国から米国への覇権交代です。英国が発行した戦時国債を米国側が引き受け、戦後の欧州復興でも米国資本が大きな役割を果たしたため、ごく自然にバトンタッチが進みました。ただ、元をただせば英米は同じアングロ・サクソンの国家ですから、これはレアケースと考えるべきでしょう。

大陸国家、半島国家、島国

東アジアの火薬庫となっている朝鮮半島は、典型的な半島国家です。地政学では大ざっぱに大陸国家と半島国家、島国の三パターンを区別します。東アジアにおける大陸国家の典型は中国とロシア、島国の典型は日本と台湾です。

半島国家、あるいは半島と聞くと、いくつか思い出される場所があるのではないでしょうか。イタリア、スカンジナビア半島、バルカン半島、トルコ、インド、マレーシア、ベトナム……とりわけ、イタリアはいかにも半島国家のように映ります。しかし、このなかで典型的な半島国家と呼べるのは、朝鮮半島とベトナム（インドシナ半島）です。なぜなら、この二つの半島は、大陸国家が海上への進出を考えた際に〝通路〟となりやすいため、攻め込まれやすいからです。この「攻められやすさ」こそが半島国家の宿命であり、また悲劇の歴史の背景でもあります。

北欧のスカンジナビア半島の付け根の部分は凍っているため、北方から攻め込んでくる国はありません。北欧ではフィンランドだけが、隣国ソ連から侵略を受けています（冬戦争）。同様にイタリアの付け根には四〇〇〇メートル級のアルプス山脈が連なっていて、容易に攻め込まれにくくなっています。紀元前三世紀の第二次ポエニ戦争でローマに攻め込んだカルタゴのハンニバル将軍や、八世紀のカール大帝によるイタリア征服、十八世紀末のナポレオンによるイタリア遠征を思い出す方もいるでしょうが、これは話が逆で、不可能と思われる作戦を実行したから歴史に名を刻んだのです。また、侵攻に成功しても補給を保つことが困難なため、イタリアの実態は、むしろ島国に近いのです。中世を通じてドイツの神聖ローマ皇帝が何度もイタリア遠征を行っていますが、ことごとく失敗しています。

つまり、半島国家とは地図上で海岸線の形を見ただけではわかりません。地形や気候も加わります。インドは巨大な半島ですが、その付け根にはヒマラヤ山脈があります。また、同じインドシナ半島でも、ラオスやカンボジア側はアンナン山脈に守られて中国からは攻めにくく、北側に障壁のないベトナムだけが半島国家になっています。朝鮮半島も同様で、浅い鴨緑江《おうりょくこう》があるだけで、大陸からの侵攻を防ぐことはできません。

このため朝鮮半島やベトナムは、大陸国家から攻め込まれ続けました。大陸の文化が伝わりやすいというメリットもあるのですが、穏やかに生活し文化を継承することが難しかったということでもあります。

大陸側で王朝が交代すれば、半島国家もそれに振り回され、前の王朝とは国交を断絶して新たな王朝に忠誠を示すことを強いられます。このような環境をメリットとして受け取るなら、外部環境の変化を柔軟に受け止め、力強く、しぶとく生きていくバイタリティが育つと言えるでしょう。

反対に、島国の日本では大陸国家に振り回されることが少なかったからこそ、固有の文化を保持できた反面、バイタリティが不足しているのかもしれません。地政学で重視する地理的条件には気候も含まれます。日本列島には台風、地震、津波といった過酷な自然災害が頻発したために、悪いことや辛いことはとにかく早く忘れ、無常観のうちにすべてを「水に流す」という文化ができたのではないでしょうか。朝鮮流の「千年の恨み」という感覚は、日本人にはなかなか理解しがたいものがあります。

欧州においては典型的な大陸国家としてロシアやドイツがあり、典型的な島国として英国があります。フランスは大きな視点で見ると半島国家と言えます。地中海と大西洋という二つの海岸線を持っているために、海軍力は分散せざるを得ませんし、隣はドイツという強力な大陸国家が存在するため、それなりの陸軍を維持せざるを得ず、常に中途半端な立場にあります。

マッキンダーはさらに大きな視点で欧州を眺め、欧州全体をユーラシア大陸の西に突き出た半島として見ていました。四～五世紀にかけてはフン人が、十三世紀にはモンゴル帝国が侵略し、第二次世界大戦ではソ連軍が東欧諸国を制圧しました。そのため、特にポーランドなど東欧の国々は常にロシアを仮想敵と見なしているのです。

「チョークポイント」は地政学上の「急所」

もう一つ、「チョークポイント」という言葉を記憶しておきましょう。
チョーク（choke）とは、首を絞めることを意味します。つまり地政学上、そのポイントを握られると首が絞まってしまうかのように致命的な地点・地域をこう呼ぶのです。とりわけ海洋国家にとって、海軍や商船の動きを左右する海上交通路（シーレーン）の要所を押さえておくことは極めて大切になります。

典型的なのは、運河や海峡です。スエズ運河、パナマ運河、マラッカ海峡、ホルムズ海峡、ジブラルタル海峡、ボスフォラス海峡……こうしたポイントを押さえられてしまうと、その地域の国は非常に困ったことになります。反面、このポイントさえ押さえておけば、最小の海軍力で最大の効果を得ることができます。多くの戦争はチョークポイントの奪い合いが原因となりました。英国がジブラルタル海峡やスエズ運河に、英国や米国がペルシア湾入り口のホルムズ海峡に、米国がパナマ運河に、ロシアやウクライナがダーダネルス海峡・ボスフォラス海峡にこだわるのは、それが死活問題だからです。

まぎれもない海洋国家であり、石油・ガスといったエネルギー供給を中東に依存する日本にとってのチョークポイントは、台湾とフィリピンの間にあるバシー海峡や、マレー半島とスマトラ島（インドネシア）の間にあるマラッカ海峡などが該当します。中国の太平洋進出にとっては沖縄の宮古海峡、ロシアの太平洋進出にとっては宗谷海峡や津軽海峡がチョークポイントとなります。

東アジアで交錯する「八つのイデオロギー」

ここから紹介したいのは、東アジアで交錯する、八つのイデオロギーの対立構造です。以下、用語の解説も兼ねながら述べていきましょう。

国家戦略＝地理×歴史×イデオロギー

ある地域において国家が戦略を考えるとき、地理的条件とそれまでの歴史を考慮しなければならないことは当然ですが、ここにイデオロギーの対立構造を加味すると、深みと立体感が増し、今後の展開が読みやすくなるのです。

これから説明する八つのイデオロギーの対立構造は、東アジアのプレーヤーたちの動きを長年左右してきた論点でもあります。これらを理解しておくことが東アジアのこれからを読み解くうえでのカギとなりますので、ここで整理しておきましょう。

【構造1】

世界共通
シーパワー vs ランドパワー

地政学では、「シーパワー＝海洋国家」と「ランドパワー＝大陸国家」に分類します。地理的条件によるものですが、国民性にも影響を与えます。ですから、この後に説明する残り七つのイデオロギーを理解するための重要な鍵にもなるのです。

歴史的に、海外との商業ネットワークに依存する島国は航海の自由を求め、シーパワーを志向します。その典型は英国であり、かつてのポルトガルやオランダもそうでした。

反対に、人口に比べて広い領土を持つ国は、外部に商業ネットワークを求める動機に乏しく、自分たちの版図《はんと》さえ守れればいいことになります。敵が攻めてくれば自国領内の戦いに引きずり込み、消耗戦での勝利を目指す陸軍国を志向します。ランドパワーの典型はロシアや中国、ドイツです。米国と日本については二つの側面があるので後述します。

両者を比較すると、シーパワーの生き残りはビジネス、商売に依存するため、イデオロギー（どうあるべきかという観念論）よりも経済合理性（どうすれば得をするかという経験論）を優先します。これに対してランドパワーは国内に引きこもっていられるため、「経済の論理」より「政治の論理」が優越し、国内支配のためにイデオロギーを重視する傾向にあります。歴史を振り返れば、共産主義を取り入れた国のほとんどはランドパワーか、ランドパワー大国の影響を強く受けていたことがわかります。

地政学の流れとして米英地政学とドイツ地政学を紹介しましたが、これは、「シーパワー地政学」と「ランドパワー地政学」と言い換えることもできるでしょう。国内でシーパワー勢力とランドパワー勢力が争った結果、時代によって国家の性格が変わることもあります。ただし、「地形」で制約され、本来目指すべき国家像とは反対の方向へ進むと、辛酸をなめるケースがほとんどです。同じ理由により、シーパワーとランドパワーを兼ねることも、歴史的には極めて難しいと言えるでしょう。

ポイント

・国家は「シーパワー＝海洋国家」と「ランドパワー＝大陸国家」に分けられる
・シーパワーは強力な海軍を、ランドパワーは強力な陸軍を志向する
・シーパワーは経済合理性重視、ランドパワーはイデオロギー重視
・同じ国でも、シーパワーを志向する時代、ランドパワーを志向する時代がある

【構造2】

米国

一国孤立主義（モンロー主義）VS 世界の警察官（ウィルソン主義）

米国はもともと一国主義的なランドパワー国家でしたが、太平洋側への西部開拓が終わった（フロンティア消滅）後はシーパワー化し、唯一の超大国として「世界の警察官」を自任してきました。しかし、近年はこの流れを元に戻そうとする勢力の声が大きくなっています。

歴史をひもとくと米国は、英国を追われたピューリタン（清教徒）と、土地や仕事を求めて新天地にやってきた貧農がつくりあげた国です。豊かな大地を自らの力で切り拓《ひら》き、「異教徒」＝先住民から守ることこそが開拓者としての「正義」でした。これを国家レベルで考えれば、ランドパワー的な孤立主義となります。英国から独立を勝ち取った後、一八二三年に第五代モンロー大統領が提唱した欧州との相互不干渉政策を「モンロー主義」と呼びます。米国は欧州主導の世界秩序に干渉せず、欧州諸国が米大陸に干渉することも認めない、というものです。この政策は、それまで中南米を植民地支配してきたスペインの影響力を排除し、中南米諸国を米国に従属させるという目的がありました。

メキシコとの戦争でテキサス、カリフォルニアを奪い、西部開拓を完結させたことによって米国は太平洋に達し、中国をはじめとするアジア市場に手を伸ばせる海岸線を手に入れました。ただし、カリフォルニアは未開の地でしたし、パナマ運河もまだなかったので、「大西洋沿岸→喜望峰→マラッカ海峡→東シナ海」が、米国にとっての「中国航路」でした。このルートの開拓のため、ペリー艦隊が黒船を引き連れて日本にやってくることになります。なお、マハン（三四ページ参照）は若き海軍士官時代、幕末の日本を訪れています。日本に近代の扉を開かせ、現在に至るまでもっとも影響を与えた国家は米国です。しかし当時から巨大国家だったわけではなく、むしろシーパワーになりたての国だったのです。当時の米国は現在のオーストラリアに近く、国土は広いが人口が少ないために国内の農業生産物で国民の需要をまかなえる国でした。広い太平洋を挟んで、近代日本とほぼ同じ時期にシーパワー化したのが米国であり、両国は日露戦争の時期にはランドパワーのロシアに対抗して共存することを志向したのです。ポーツマス会議を仲介したのは米国でしたし、第一次世界大戦後のワシントン海軍軍備制限条約（一九二二年）は、シーパワー同士の妥協です。

その後、中国市場をめぐって日米は激突し、第二次世界大戦とブレトンウッズ体制、冷戦勝利を経て米国は世界の警察官として、グローバリズムの盟主となりました。しかし、9・11やテロをきっかけに今度は「対テロ戦争」を発動しましたが、ゲリラ化したイスラム過激派との戦いは終結の目処《めど》が立たず、リーマンショック後の経済危機のなかで米国人の間に厭戦気分が広まりました。そのうえ、移民の増加や貧富の差の拡大というグローバリズムの弊害が政治問題化し、オバマ大統領は「もう米国は世界の警察官をやめる」と表明して、世界を驚かせました。米国は一国孤立主義に戻るべきだという世論の声が高まり、その代弁者として登場したのがトランプ大統領だったのです。

ポイント

・西部開拓農民＝「草の根」保守。政府の保護を受けず、自分の身は自分で守る。自主独立と創意工夫。個人に干渉しない「小さな政府」を求める
・西部開拓の終了（一八九〇年フロンティア消滅）で、国家レベルでもシーパワーに転換。孤立主義から「世界の警察」へ
・海外から移民労働者が殺到。もはや開拓すべき土地もなく、彼らは分配と平等を求める。「大きな政府」による福祉を求める
・共和党＝「草の根保守」の支持。「小さな政府」。移民排除、ナショナリズム
・民主党＝移民労働者の支持。「大きな政府」。移民受け入れ、グローバリズム

【構造3】

中国
「大中華思想」＝朝貢外交は、典型的なランドパワーの思想

中国は、西がチベット高原、北側はモンゴル高原やゴビ砂漠があり、北と西側から侵攻してくるランドパワー（モンゴル系、ツングース系、トルコ系、チベット系の騎馬民族）との戦いを余儀なくされてきました。古くは匈奴《きょうど》との長い戦いのなかで万里の長城を築き、鮮卑《せんぴ》が打ち立てた隋や唐、大モンゴル国（モンゴル帝国、元）や、ツングース系の女真《じょしん》（＝後金、後の清）などには、実際に漢人（漢民族）は支配されています。西戎《せいじゅう》（＝西方の蛮族の出身と伝えられる）である秦の始皇帝が初の統一をして以降、約二千二百年間の歴史のなかで、ほぼ半分は騎馬民族に支配されていたのです。純粋な漢人による王朝は、「（前・後）漢、宋、明」の四つだけですが、騎馬民族の王朝もまた、漢人の王朝を模した国をつくりました。

中華とは、世界の中心における文明を指しています。周辺の諸国から外交使節と貢物を贈られる（朝貢）と、地位（官爵）や印綬《いんじゅ》（＝称号を刻んだ印鑑）に加え、朝貢品の数倍の価値の返礼品を与え、各国の王に正統性を与えました。東アジアで長く続いたこのシステムを「冊封体制《さくほう》」と呼びます。冊封体制にはランドパワーならではの特徴があります。実際に敵と戦っては敗れ、万里の長城のような防備ラインも度々突破されるので、名誉や文化、財産を一方的に分け与えて大国の威信を保ちつつ、平和を「買う」ことにしたのです。しかし、朝貢貿易は返礼の多さから必ず赤字となり、財政を圧迫します。やりすぎると国家経営のバランスが崩れて権力基盤が弱体化し、やらなければ周辺民族の侵入を招き、結局は新たな王朝によって打倒される歴史が繰り返されることになります。

本来はランドパワーの中国ですが、北方民族が衰えた時代には海外進出を試みてシーパワー化を模索することがあります。十三世紀の元の日本やジャワに対する遠征、十五世紀に明の永楽帝が命じた鄭和《ていわ》の南海遠征、そしてアヘン戦争後の清の洋務運動などが該当しますが、いずれもうまくいきませんでした。まさにいま、ソ連崩壊後のロシアの弱体化で北方の脅威から解放された中国共産党は、「改革開放」を掲げた鄧小平《とうしょうへい》のもとで大海軍の建設に着手し、事実上終身独裁体制を打ち立てた習近平によって「中国の夢」（中華民族の偉大なる復興）と、その経済圏的構想としての「一帯一路」を打ち出しました。これは歴史的に見てシーパワーへの回帰と考えるべきでしょう。ただ国内にはチベット・ウイグルなどの少数民族問題を抱え、治安警察で抑え込むやり方はランドパワー的とも言えます。そして、シーパワーを志向する中国の前に地政学的に立ちはだかるのは、まぎれもなく日米同盟なのです。

ポイント

- 中華とは「世界の中心の文明」の自称
- 帝国の権威を保つためなら経済合理性を軽視する
- 本来はランドパワー。時にシーパワーを目指すこともあるが、必ず失敗してきた
- 「中国の夢」や「一帯一路」はシーパワー宣言で、日米同盟との衝突を招く

【構造4】

北朝鮮
朱子学（小中華思想）×社会主義＝主体（チュチェ）思想

典型的な半島国家である朝鮮半島は、紀元前二世紀の漢の武帝以降、たびたび大陸から侵略を受け続けてきました。その通史については第二章で述べていきますが、簡単に述べれば、容易に半島内に侵攻してくる強大な勢力には、結局、屈するしかありません。どんなに屈辱的だろうと、それまでの常識と矛盾していようと、他に選択肢はないのです。中国の王朝としては、漢、隋、唐、モンゴル（元）、そして清に侵略され、それぞれの王朝の属国として存在し続けてきました。そもそも、今日の韓国で自分たちの祖先と教えている高句麗も出自は北方のツングース系で、本来の朝鮮民族ではありません。高句麗は唐と新羅の連合軍に滅ぼされますが、新羅を打倒した高麗は高句麗人の末裔《まつえい》と称する王建の建てた国ですし、その高麗も、後年は元に蹂躙《じゅうりん》されます。

悲惨な歴史のなかで、大陸との関係が理想的だったのは明と朝鮮王朝（李氏朝鮮）の時代です。元をモンゴル高原に追いやった明の成立に乗じて高麗を打倒した李成桂《りせいけい》は、漢人の国家である明にならってさまざまな制度を導入し、安定した国家運営に成功します。このとき導入されたのが、明の官学だった朱子学です。しかし明は滅亡、再びツングース系狩猟民の女真が建てた後金（清）が大陸を支配し、清に抵抗する朝鮮は攻め込まれ、清朝皇帝の前で服属を誓わされるという屈辱を味わいました。このとき以来、朝鮮の支配層は、表向き清に服従しながらも、滅んでしまった「理想的かつ正統な中華」である明が残した朱子学を重視し続け、自分たちこそが本来の中華を守っているという自負を抱きました。これを「小中華」思想と呼びます。

十二世紀、南宋の朱熹《しゅき》が体系化した朱子学は、いわば儒教の新しい考え方を取り入れた哲学体系です。日本には鎌倉時代に伝来しましたが、日本人はむしろ仏教の影響が強く、朱子学の受容は表面的でした。朱子学は朝鮮半島の人々の考え方と行動様式を知る手がかりとなります。東アジアと今後の朝鮮半島を読むうえで重要なポイントです。

朱子学は突き詰めれば、「宇宙と人間を統一的に説明する思想」で、その構造は図表1－1のようになっています。宇宙はすべて「理（法則）」と「気（物質）」か

図表1-1　朱子学の思想

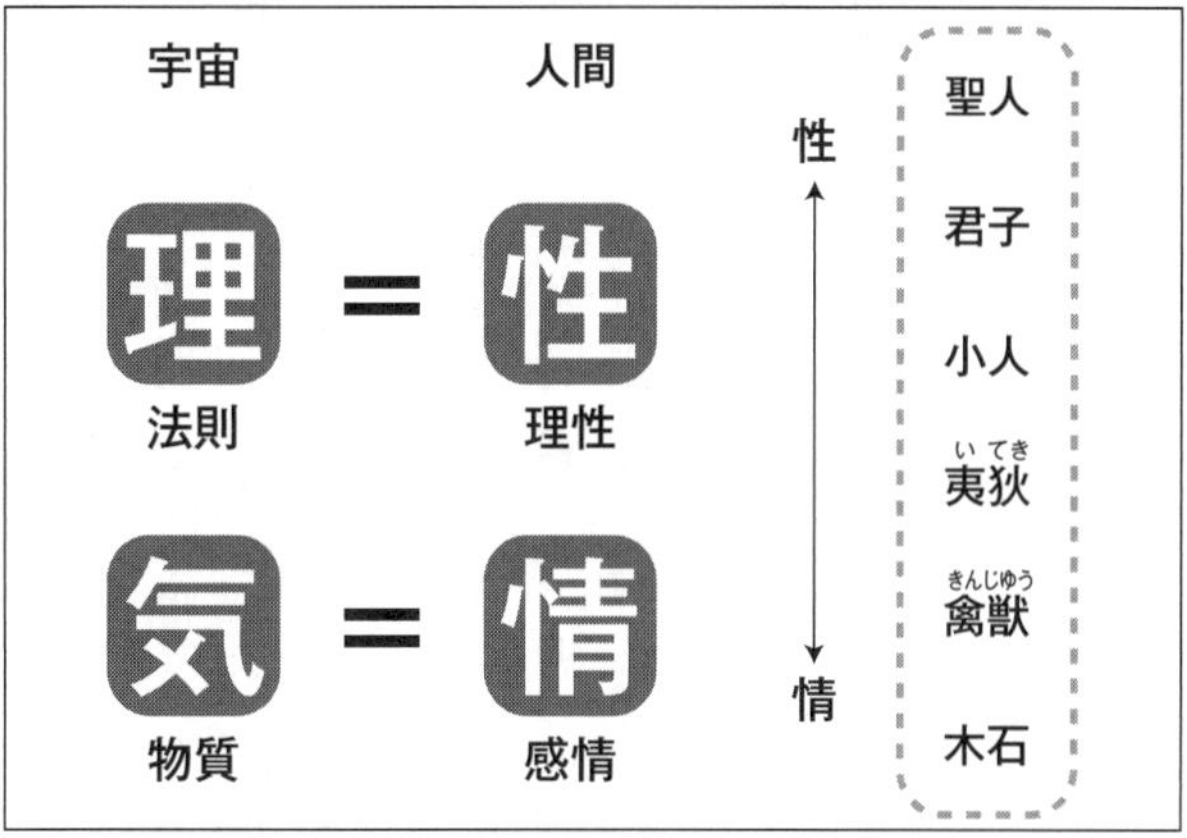

らなり、「理」が「気」を支配すると考えます。この原則を人間に当てはめると、法則は「性（理性）」に、そして物質は「情（感情）」に分けられ、「性即理（人間の理性はすなわち宇宙の法則）」ということになります。理性が多い人ほどいわばレベルが高く、理性のない人間はただ生きているだけで、動物や禽獣《きんじゅう》と同じだと考えるのです。

　この考えに基づき、朱子学は人間をランク付けします。すでに理性を極めた「聖人」は肉体を超越した存在であり、「君子」は聖人を目指して努力している知識人。「小人」は学ぶ能力を持ちながらも生活に追われて学問に没頭できない庶民です。ここまでが中華に属する「正しい」人間の姿になります。

一方、「夷狄《いてき》」は人間の姿をしているものの漢文が読めない異民族、つまりいくら努力しても知識人にはなり得ない存在で、中華によって支配されることが当然の帰結と考えます。それが宇宙の法則だからです。

しかしこの世界観は、その後の現実とは矛盾していました。明は滅亡し、朝鮮は夷狄の清に屈服し、同じく夷狄のはずの日本に「支配」されたからです。朱子学は、現実より理念を優先します。彼らはこう考えました。「大明は滅んだ。しかし中華は、この朝鮮国に残った。明の文明を受け継ぐわれらは、小中華である」と。日本の支配を彼らが糾弾し続ける理由もこれでわかります。日本人が「夷狄」だからです。すでに中国では廃《すた》れている朱子学の考え方がいまも朝鮮民族に強い影響を及ぼしていると仮定すると、「反日」の理由や、政治体制のまったく異なる北朝鮮に韓国の人たちが心を寄せやすい理由がわかります。なぜなら、北朝鮮の主体（チュチェ）思想の基本構造は朱子学に社会主義を加味したものだからです。詳しくは、第三章で述べます。

ポイント

・周辺の大国に侵略され続けた半島国家
・明との蜜月関係で朱子学を導入
・明が滅亡した後は自らを「小中華」と自負し、自尊心を守る
・「反日」もなお生き続ける朱子学のスピリット
・北朝鮮の主体（チュチェ）思想も形を変えた朱子学

【構造5】

韓国
事大党（清）VS 開化派（日本）VS 東学（民族派）

開国当時の朝鮮国王・高宗《こうそう》は幼く、当初は摂政で父親の大院君が実権を持ち、「小中華」思想に基づいた攘夷政策を主導していました。しかし高宗の妃となった閔妃《びんひ》（明成皇后）一族（閔氏）が大院君を排除して「夷狄」の日本と一八七六年に日朝修好条規（江華条約）を結び、続いて他国にも開国することになりました。

開国がもたらした米価高騰など経済の混乱は、朝鮮王朝内での権力闘争を激化させます。大院君派のクーデターで政権が揺らいだ閔氏政権は、宗主国《そうしゅこく》・清の援軍でクーデターを制圧したことから「大国に事《つか》える党派」――「事大党」と呼ばれます。これに対して明治維新型の近代化を目指し、日本と手を組んで清から離れようとする「開化派」と呼ばれるグループが決起し、閔氏政権を打倒しようとしますが、清軍の再介入で失敗します。この甲申《こうしん》政変（一八八四年）の中心人物で、福沢諭吉などの支援を受けていた金玉均《きんぎょくきん》が閔氏政権の刺客によって暗殺されます。これを嘆いたのが福沢の有名な「脱亜論」で、「支那・朝鮮は改新の道を知らず、……数年で亡国となり、その国土は文明国の分割に帰すべし」、「わが国は隣国の開明を待って共にアジアを起こす猶予あらず、……アジア東方の悪友を謝絶するものなり」と続く、非常にシーパワー的な内容です。

同じころ、外国勢力排斥と朝鮮王朝の腐敗への反発によって広がった「東学」という宗教を信奉する農民たちが蜂起しました。朝鮮は再び清に援軍を要請、今回は居留民保護を理由に日本も派兵し、日清戦争となります。日本に敗れた清は、下関条約で朝鮮の独立を承認しました。後ろ盾の清を失った閔氏は、日本に対する三国干渉を主導したロシアに急接近したため、日本と結ぶ開化派のクーデターによって閔妃は王宮で殺害されます（乙未《いつび》事変）。夫の高宗はロシア公使館に逃げ込み、ロシアに接近しますが日露戦争で日本が勝利し、日韓併合へとつながっていきました。

常に大国に抱きつくことで生き残りを図ってきた朝鮮。日本は日露戦争後から明らかに深入りしてしまいました。「夷狄」の日本を嫌う勢力は、日本と手を組むことを批判します。現在の韓国では事大党の閔妃が悲劇の王妃として扱われ、開化派は「親日派」として批判されます。国内の権力闘争に外国勢力を引き込もうとする手法はいまも変わりません。日本統治からの解放後、南は米国と、北はソ連・中国に「事大」し、どちらが正統な「小中華」なのかをめぐって対立してきたのです。最近の米朝交渉もこうした力学で進んでいます。

ポイント

- 朝鮮の近代は「夷狄」の日本によって始まった
- 国内の権力闘争に外国勢力を引き込み、混乱が増幅
- 日清戦争は朝鮮の「独立」をもたらした
- 日清戦争・日露戦争は、朝鮮の不安定な国内政局が原因
- 南北分断後も、外国勢力と結ぶ構造は変わらない

【構造6】

ロシア
スラヴ主義 vs 西欧主義

ランドパワー国家の典型であり、最強の存在でもあるロシアですが、内部には常に対立構造があります。これは、自ら西欧の一部と考える西欧主義勢力と、自分たちは東欧、南欧のスラヴ人だと考え、西欧とは違うと考える「スラヴ主義」勢力です。ロシア史を解釈するうえで、前者はバルト海を渡ってきたノルマン人がスラヴ人を征服し九世紀に建国したノヴゴロド国を始まりと見なします。後者はノルマン人の子孫が南下し、スラヴ人と混血してスラヴ化しながら十世紀にキエフに建国したキエフ公国が正統な始まりと考えます。近年では、ゴルバチョフやエリツィンが「西欧派」なのに対して、プーチンは明らかな「スラヴ派」と言えるでしょう。

広大な国土と寒冷な気候の面から国土を守りやすいロシアですが、逆に言えば外へ出にくいことの裏返しでもあります。そんなロシアもシーパワーを志向した歴史があります。十八世紀前半、スウェーデンからバルト海東岸を奪ったピョートル一世（大帝）は新都ペテルブルクとバルチック艦隊を、十八世紀後半、オスマン帝国からクリミア半島を奪ったエカチェリーナ二世は黒海艦隊を、十九世紀半ば、清朝から沿海州を奪ったアレクサンドル二世は太平洋艦隊を建設します。氷結しない港を求め、隙があれば南下をするのです。

シーパワーの大英帝国は、ロシアの海上進出を恐れました。クリミア戦争や露土戦争でバルカン半島への進出を阻止し、極東では日本を援助して日露戦争で太平洋艦隊とバルチック艦隊を壊滅させます。こうした失敗にも懲りず、ロシアは再びバルカン半島への進出を試みたところ、ドイツと権益がぶつかって第一次世界大戦を招き、さらにロシア革命も起きて崩壊しました。

その後、スターリンのソ連共産党政権が第二次世界大戦で宿敵のドイツ軍、日本軍を一掃することに成功し、バルト海とオホーツク海に再び進出しますが、結局、今度は米国を警戒させて米ソ冷戦となり、イノベーションで劣ってソ連崩壊。プーチンのロシアは米国との間合いを見極めつつ、再びランドパワーを志向するようになりました。

ロシアと並ぶもう一つの大きなランドパワーは中国です。両国は一時、共産主義国家同士として友好関係を築いたこともあります。最近でも対米、対欧州という構図のなかで足並みが揃《そろ》うように見える場面もありますが、基本的にロシアと中国は隣り合うランドパワー同士であり、地政学的には敵対関係になりやすい性向を持っています。

ポイント

・ロシアはモンゴル帝国を受け継ぐ最強のランドパワー
・包囲されることを嫌い、洋の東西で南下を試みる
・西欧と敵対する「スラヴ主義」
・西欧の一員と考える「西欧主義」
・隣接するランドパワーの中国とは対立が基本

【構造7】

日本
大陸進出 ＝ 大アジア主義 vs 海洋進出 ＝ 一国平和主義

典型的な島国・日本は歴史的に経済合理性を優先し、権威やメンツよりも食糧生産の効率化や商品経済化に熱心でした。近代化の本質を正しく、いち早く知り、政治体制を自ら変革できた点はシーパワー的であり、中国や朝鮮との決定的な違いです。

ところが日本列島は豊かであり、過剰人口を抱え、時にこれが大陸へ向かうことがありました。秀吉の朝鮮出兵、近代日本の大陸進出がこれです。日清・日露戦争に快勝した結果、日本人は残念ながら自らの特質を誤解し、大陸へ、大陸へと進みました。英国は自ら好んで欧州大陸側の事情に深入りしませんが、日本は朝鮮の改革を支援したいあまりに軍隊を送り、やがて中国大陸へと進出します。バルチック艦隊を破った日露戦争はシーパワーの面目躍如でしたが、自ら朝鮮を併合し、大陸に深入りする必要があったのでしょうか。

実は英国もかつて同じような失敗をしたことがあります。十四〜十五世紀、百年戦争でフランス本土に進出したものの、戦線を拡大しすぎて疲弊し大陸から撤収したのです。これ以降、英国の戦略はオフショアバランシング、つまり自らは常に沖合（オフショア）にいて、欧州大陸の列強同士を争わせて国力を弱体化させる手法に変わりました。結果論ですが、日本がこうした歴史や地政学を知っていれば、ロシアを排除できた時点で朝鮮から手を引くべきでした。他の列強以上に中国進出は控えるべきでしたが、満州事変、日中戦争と深入りの度合いを増し、絶望的な対米戦争を招いてすべてを失いました。

当時、日本が選択を誤った理由を二つ挙げるなら、大陸進出論を掲げる陸軍の政治力が強すぎて、最終的には親英米派に勝ってしまったこと。もう一つは「大アジア主義」のイデオロギー。欧米に対抗してアジアの解放を目指す考え方への傾倒です。考え方としては正しいのかもしれませんが、典型的なアイデアリズムで、他の帝国主義列強をすべて敵に回すことになる、というリスクがあり、リアリズムを伴わないことは非常に危険である証左です。表向きの理想に加え、裏側では天然資源や食糧生産、マーケットの利権、日米離間を図るソ連の謀略なども絡み、どんどん戦線は複雑化、拡大していきます。そしてランドパワー地政学のドイツにますます傾倒し、最後は共倒れになったのです。

すでに述べたとおり、日本と米国は同じころシーパワーになり、長い間お互いの利害を調節し、妥協し合いながら共存してきたのです。日米開戦は愚策でした。決して同じような過ちを繰り返してはならない……これこそ、日本の国家戦略の基本である。これが、地政学から導き出される結論です。

ポイント

・基本的にシーパワーだが、ランドパワーにもなりうるポテンシャルを持つ
・日露戦争の勝利によって、自らをランドパワーと誤解した
・ランドパワー化が大陸進出と対米戦争を招いた
・敗戦で大陸から撤収し、シーパワーに戻った

【構造8】

世界のこれから
ナショナリズム vs グローバリズム

東西冷戦終結と旧ソ連や東欧型の社会主義体制が消滅したことによって、これらの地域に暮らす人々は一気に市場経済化に直面することになりました。かつて東西に分かれていた経済圏は一つとなり、今日に至るような、ヒト・モノ・カネ（資本）の行き来が自由になっていくグローバリゼーションが始まりました。インター

ネットの普及により、情報もボーダレスで飛び交うようになっています。シーパワーであるべき日本は、終身雇用制度、談合、護送船団方式などの「社会主義的」慣行を廃し、経済合理性に基づいて各国に市場を開放し、分業しながら高い付加価値の生産を目指すグローバリズムを選ぶことになります。

一方で、グローバリズムがいくつかの問題を生んでいることも明らかです。資本が自由に移動できるようになれば、賃金の安い単純労働は新興国に奪われ、高賃金の先進国から途上国への工場の移転が進んだ結果、経済成長の鈍化を招きます。資本家は金融自由化のメリットを受けやすくなり、多国籍企業は納税を回避するテクニックを駆使しますが、そうした話の外にいる人たちとの貧富の差はますます拡大していきます。人の移動が自由になれば、先進国には大量の移民が流入し、その結果、賃金の下落と治安の悪化を引き起こします。それでなくても苦しい低所得者層にとって、目に見える形で「グローバリズムの弊害」が現れてきたため、移民排斥論や保護主義への回帰が支持を集めるようになったのです。米国のトランプ政権は、こうして誕生しました。

シーパワー強国だった英国が欧州連合（EU）の前身に当たるヨーロッパ共同体（EC）に加盟したのは一九七三年です。これも見方を変えれば、シーパワーとしては好ましくない「大陸への深入り」の一形態で、EU離脱（ブレグジット）への動きも、ナショナリズムへの回帰、シーパワーへの回帰を示す一つの象徴でしょう。

一方で、習近平の中国が掲げる「一帯一路」は、グローバリズムをうまく利用しているようにも見えます。米国が世界の警察官、グローバリズムの盟主としての役割を弱めるなかで、中国は歴史的な経緯を顧みずにシーパワーへの転換を目指しています。それが新たなグローバリズムなのか、あるいは中国に都合のよい大きなナショナリズムなのか、注意深く判断しなければなりません。ロシアは表面的には中国と歩調を合わせつつも、中国の帝国化を恐れ、ウラジオストクを奪われまいと警戒しています。日本は、どうすべきなのでしょうか。

次章で取り上げる朝鮮半島の動揺、そして統一朝鮮の出現も、こうした動きにどんな影響を与えるのかという視点から考える必要があります。言い方を変えれば、こうした動きと合致しているからこそ、「統一朝鮮」は必然の流れなのです。

ポイント

- グローバリズム＝国境をなくし、ヒト・モノ・カネを自由に動かす
- ナショナリズム＝国境を守り、自国の利益を優先する
- 冷戦終了後、グローバリズムが世界中で進んだ
- グローバリズムが移民の増大や貧富の拡大を招いた
- 二十一世紀前半の世界は再びナショナリズムへ回帰しつつある

第二章

地政学でひもとく東アジアと朝鮮半島

野望と衝突の二千五百年

蹂躙され続けた朝鮮半島を軸に、東アジアの歴史を見る

この章では、朝鮮半島を軸とした東アジアの歴史を、一本の時間軸で振り返ります。

近代に至るまでは、朝鮮半島を挟んで中国の各王朝と日本が主なプレーヤーですが、開国以降はアメリカやロシア（旧ソ連）が関わり、戦後は朝鮮半島そのものが分断されたため、一段と複雑な歴史を刻んできたことになります。

まず、朝鮮史を見ていくうえで、このような質問をします。

「なぜ、朝鮮半島の人々の考え方は、こうも日本人と違うのか？」

これは文化的な差異として関心の的になることもあれば、政治的な論争や紛争の火種になることも、国民感情の摩擦になることもある問題です。

日韓の「過去の歴史」が外交問題化したのは一九八〇年代の「従軍慰安婦問題」からで、日本の歴代内閣は「謝罪と反省」を繰り返しました。ところが今世紀に入って韓国の「反日」は沈静化するどころか、ますます火に油が注がれました。これを受けて日本でも「嫌韓」ムードが広まり、書店には「嫌韓本」コーナーが置かれ

るまでになっています。

　まずは相手に謝り、下手に出てから、相手にも譲歩させて、落とし所を探ろうとする日本人。

　片や、まずは相手を攻撃し、居丈高になって相手をひるませ、自分の要求を通そうとする韓国・朝鮮人。

「一衣帯水《いちいたいすい》」の隣国なのに、このような国民性の違いが生まれたのはなぜなのか？

　その答えもまた地理、地政学に求められるのです。

　朝鮮半島は典型的な半島国家であり、常に大陸側から、時には日本からも攻撃、侵略されました。自分たちの思いのままに国をつくり、じっくりと文化を育むことが難しい歴史を刻んできたのです。

　周囲の大国から常習的に「虐待」され続けるなか、それでも生き残ったバイタリティあふれる人々の子孫が今日の朝鮮半島に暮らしています。厳しい歴史をくぐり抜け、自尊心やアイデンティティを守りつつ、少しでも自国の歴史に「栄光」を見出そうと彼らは考えてきました。この点が、海に守られて他国の侵略を受けなかった日本列島の人々と違って当然です。隣の民族、隣接する地域でありながら、両者は互いに共有できる経験が少なく、相互理解も難しいのです。

日本人の人間関係には「うち」と「そと」という区別がありますが、朝鮮民族にはもっと強烈で排他的な「ウリ」と「ナム」という人間関係の捉え方があります。「ウリ」とは、自分とその家族、祖先を同じくする「宗族《そうぞく》」という血縁集団、親友、同級生や同郷人。「ナム」とはそれ以外のよそ者です。厳しい歴史を生きてきた彼らは、容易に「ナム」を信用しませんし、自分が「ナム」から丁重に扱われるとも思いません。その代わり、「ウリ」に対しては、実の家族であろうとなかろうと、日本人ならお節介ではないかと思うくらい親切にしますし、自分も親切にされることを期待します。同じような感覚は、王朝の代替わりと異民族の支配が長かった中国にも見られます。

日本人に理解が難しいのは、「ウリ」と「ナム」の境界線が、ケースバイケースで変わることです。時には自分一人になり、時には家族、学校、会社、地域になって、時には「ウリナラ（＝我が国）」、あるいは「ウリ民族」になる局面も生まれます。日本人が「日本と韓国」という構図で考える際、韓国の人たちは「ウリナラ」で対応することが多く、あたかも一枚岩のように見えますが、その内実はまったく違います。普段彼らは、基本的に限定的な「ウリ」しか信じない、用心深い人たちです。

その背景は、まさにこれから述べていく歴史のなかに見出せるはずです。

古代の朝鮮と日本との関わり

神話や伝承はさておき、はっきり証拠や記録が残っているところから朝鮮の歴史をひもとくなら、四世紀の朝鮮三国時代から始めるのが適切でしょう。

初めての記録は、広開土王という高句麗全盛期の王の偉業を伝える広開土王碑に刻まれた碑文です。その内容は、「四世紀末から五世紀初めにかけ、高句麗が南下して新羅、百済を従え、倭（日本）と戦った」というものです。

ところでこの碑《いしぶみ》は、現在の中国吉林《きつりん》省通化市に建てられています。すでに述べたとおり高句麗は満州に住むツングース系の北方民族の国で、厳密な意味では朝鮮民族ではありません。

高句麗の支配下に置かれた新羅と百済は、いまの韓国に存在した国です。もっとも力が弱かった新羅は唐と、百済は倭国（日本）と組み、両者の間にあった加羅の鉄資源をめぐって争います。さらに半島最南端には倭人の居住地があり、日本列島でさかんにつくられた前方後円墳がここでも発見されています。

図表2-1　蘇我・物部氏と朝鮮三国時代の関係

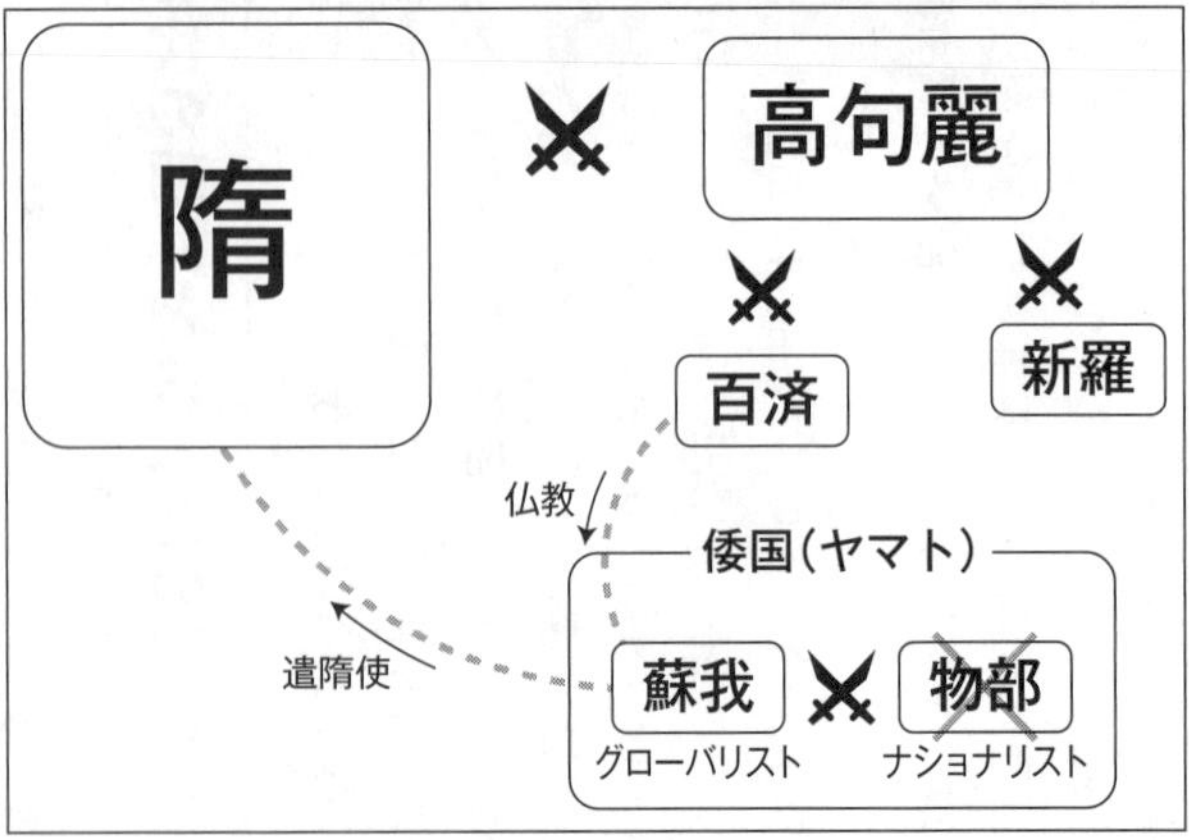

飛鳥時代、聖徳太子の時代には、蘇我氏と物部氏が仏教導入をめぐって、権力闘争を続けていました。この背景にも、実は朝鮮半島の歴史が関わっています。

百済は倭国に援軍を求め、見返りに仏教や経典、さらに仏像製作技術や漢字の文献などを伝えると持ちかけます。これを承諾して最新の制度や文化、技術を取り入れるべきと考えたのが蘇我氏、保守的で古来の神々を大切にし、仏教導入に抵抗したのが物部氏です。いわば蘇我氏はグローバリスト、物部氏はナショナリストと言えるでしょう（小著『世界史とつなげて学べ　超日本史』〈ＫＡＤＯＫＡＷＡ〉参照）。結局、物部氏は排除され、蘇我氏が皇室をしのぐ権勢を振るうなかで、倭国は百済、そして隋や唐に学ぶことになります。

島国の日本は、グローバリズムを受け入れるかどうか、選択の自由を持っています。半島国家は、大陸側の進んだ文明を学ぶために大陸国家に頭を下げて従うか、あるいは侵略か征服された結果として自動的、強制的に同化されることになります。島国は海によって守られているため、多少、大陸側に失礼な外交政策をとっても容易に攻められることはありません。聖徳太子が派遣した遣隋使が「日出《い》ずる処《ところ》の天子、書を日没する処の天子に致す……」という書状を奉呈し不興を買ったのは、お互いを対等の「天子」と主張したからです。これが半島国家であれば攻め込まれても仕方ありませんが、海があるために、少々無礼な態度をとっても許されるという計算があって主張しているのです。飛鳥時代の日本は、すでにシーパワー的な外交戦略をとっていたことになります。もっとも、万一隋が高句麗を打倒していたら、その勢いで日本列島に出兵する可能性もありました。

白村江の敗戦で、半島との縁が切れた

七世紀に、中国大陸では隋から唐へと王朝が変わりました。隋・唐にとって高句

麗は隣り合う北方民族です。高句麗は朝鮮史では「朝鮮民族の祖先」とされますが、その版図《はんと》は満州の南部、沿海州にまで及び、半島部よりもむしろ大陸部のほうが広い国です。つまり、隣り合う中国王朝にとっては、北の国境を脅かすランドパワーとして攻撃対象となります。ところが隋の煬帝《ようだい》は高句麗遠征に失敗、内政の失政も重なり、いとこの李淵《りえん》が隋を倒して唐を建国します。

隋の失敗を教訓に、唐はまず外交的に高句麗を圧迫します。高句麗に圧迫されていた新羅にとって唐は「敵の敵」。圧倒的な軍事力を持つ唐と手を組めば、高句麗を挟み撃ちにするどころか百済も攻撃できます。このような利害関係の一致から、唐は新羅を冊封《さくほう》します。冊封とは、臣下として認めることです。これ以降、朝鮮半島のすべての王朝は、時の中国王朝に冊封されることになります。

一方、唐と新羅に圧迫される百済は、倭国（日本）と同盟を結びます。倭国は大化の改新を終えたころで、中大兄皇子（後の天智天皇）が実権を握っていた時代です。百済は唐・新羅連合軍に滅ぼされますが、その残存勢力が倭国に救援を求め、唐・新羅の連合軍と倭国・百済の連合軍が、六六三年に白村江《はくすきのえ》の戦いで激突します。倭国・百済連合軍は大敗し、百済から大勢の渡来人が日本列島にやってくることになります。これは、シーパワーの日本が初めて積極的に朝鮮半島で起きている

図表2-2　白村江の戦い(茂木誠『世界史とつなげて学べ 超日本史』)

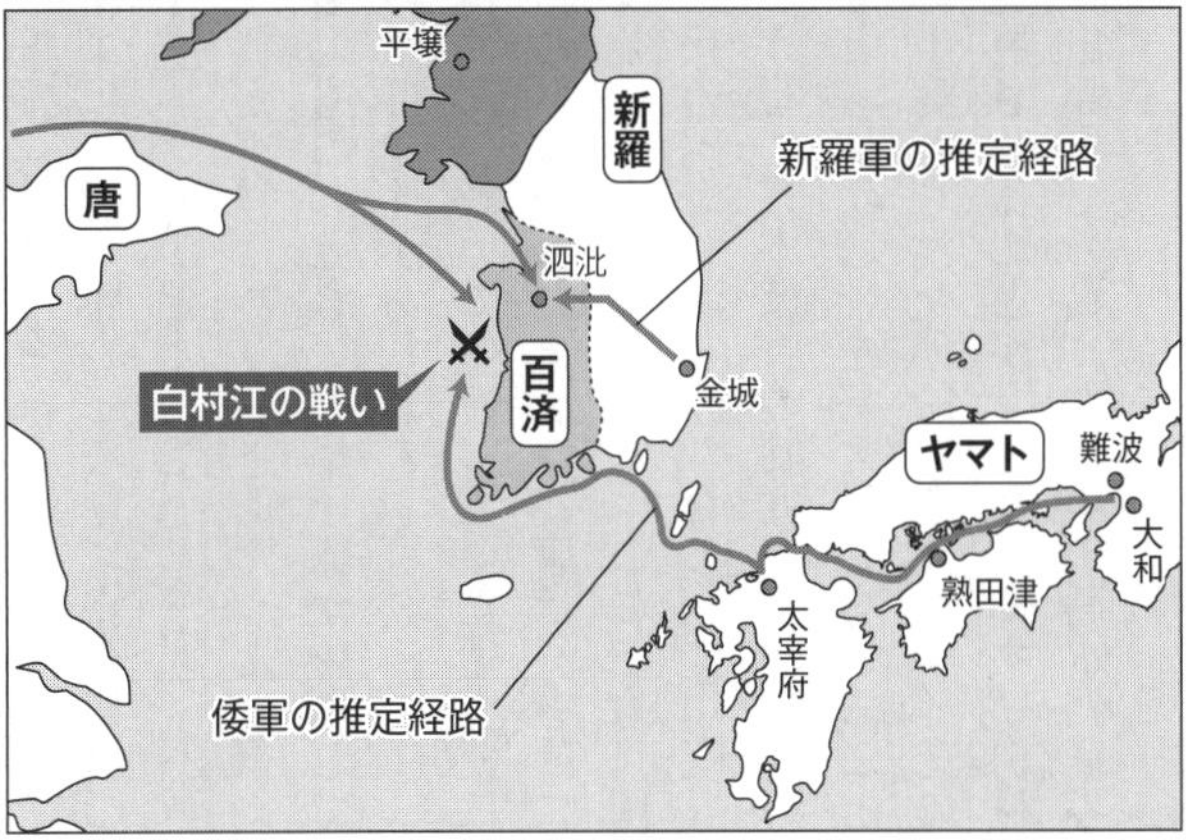

ランドパワーの争いに関わってしまった「悪しき」最初の例となりました。

唐・新羅は返す刀で高句麗も滅ぼし、新羅による朝鮮半島の統一が実現します。

ところが、ここに面白い歴史があります。元高句麗の領土をめぐって、新羅と唐が奪い合う、つまり冊封されているはずの新羅が裏切るのです。この結果、統一新羅の版図は平壌《ピョンヤン》まで拡大し、その大陸側は唐の領土となりました。

この事件は倭国にとって好機でした。唐からも新羅からも同盟を求めてきたのです。天智天皇亡《な》き後、国内では新羅と組んで唐と対抗しようとする大海人皇子（天武天皇）と、唐にすり寄ろうとする大友皇子（中大兄皇子の子）が衝突しました（壬申《じんしん》の乱）。

結果は前者の勝利となり、完全に唐の支配を脱し、属国臭の強い「倭国」を改め「日本」と名乗るようになります。大海人皇子側がナショナリスト的、敗れた大友皇子側がグローバリスト的だったと言えるでしょう。

もしもこのとき大友皇子側が勝利していたら、日本は新羅同様に唐の属国になっていた可能性があります。

白村江の戦いで中断していた遣唐使はのちに復活しますが、日本の天皇は冊封されることを拒否しました。唐は一方的に日本の朝貢と見なして満足し、日本は単なる文化交流と捉えました。ここでも島国の強みが発揮されたのです。日本の遣唐使が決死の航海で海を渡ったように、唐も簡単には攻められないからです。

こうして日本は唐の制度や文化を「いいとこ取り」することに成功し、唐の弱体化とともに遣唐使を終え、手を切ることができました。これ以後しばらくは大陸、朝鮮半島とも没交渉的になります。その結果、独自の制度や文化が育ち、国風文化を発展させることができたのです。白村江の戦いの教訓から学んだ日本は、秀吉の朝鮮出兵までの実に九百年の間、朝鮮半島に兵を送るという愚を犯さなかったのです。

図表2-3　壬申の乱と唐・新羅の関係

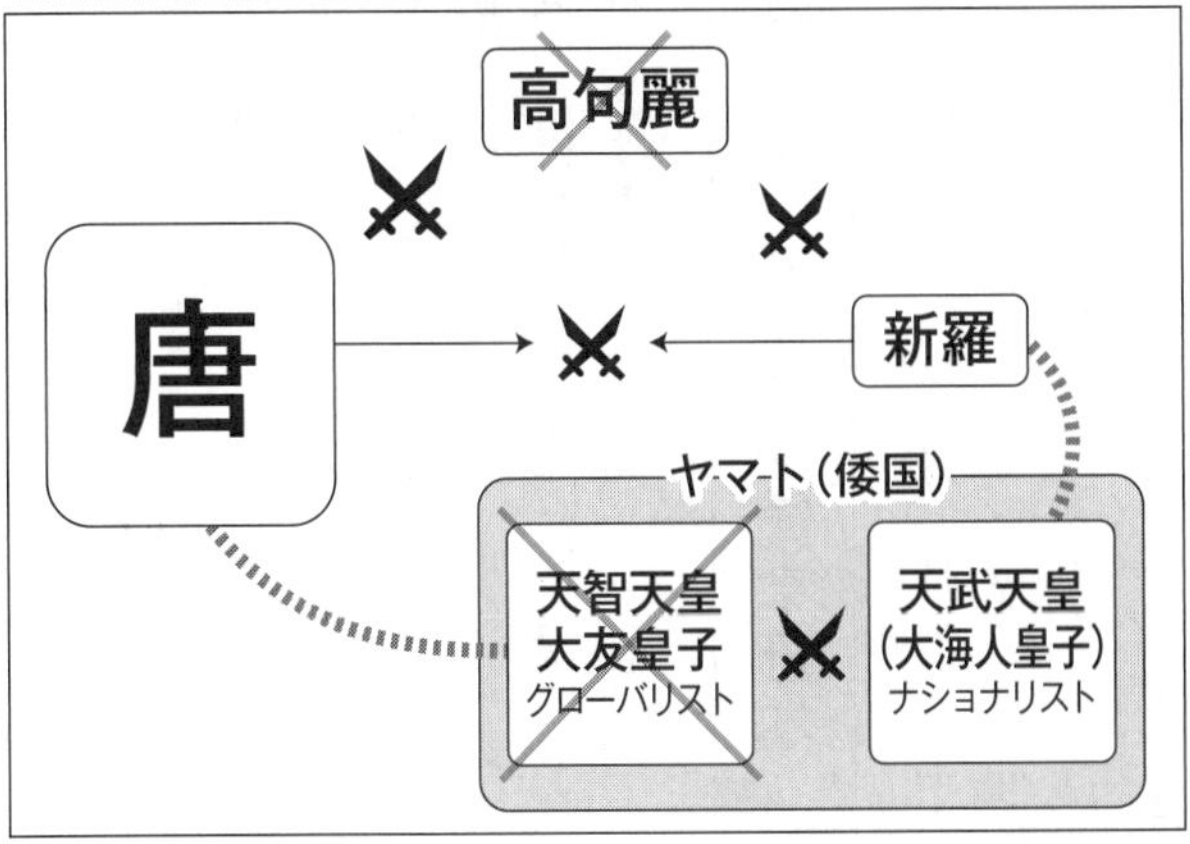

一方、新羅は唐に反旗を翻したことを詫び、改めて唐に朝貢します。唐はこれを受け入れて半島から撤退し、新羅の宗《そう》主国《しゅこく》として間接統治のような形をとります。

新羅は唐の制度にならい、律令や儒学、仏教などを導入しました。朝鮮半島でいまも続く、「金《キム》」「李《リ》」「朴《パク》」などの漢字一字の姓もこの時期から広まったものです。

新羅の官僚制度は骨品《こつぴん》制と呼ばれ、家柄で官職への登用が決まるものでした。旧百済、高句麗の人材は能力があっても不利な立場に置かれ、災害や飢饉が増えたこともあり、不満がたまっていきました。九世紀になると宗主国の唐の弱体化もあって新羅も弱体化し、高句麗人の末裔《まつえい》と称する王建が高麗を建国して、後に朝鮮全土を再統一したのです。

唐に代わって中国を統一した宋は漢人の王朝でした。唐が軍人の跋扈《ばっこ》で滅んだことを反面教師とした宋は、科挙官僚によるシビリアン・コントロール（文民統制）を徹底した結果、軍事的には史上最弱の中華帝国となってしまいました。高麗は宋の冊封を受けて骨品制を科挙に改め、仏教や文化、技術の移入に努めました。高麗青磁など朝鮮の歴代王朝で最高水準の文化を保った高麗ですが、宗主国の宋が北方民族の契丹《きったん》や女真《じょしん》に何度も侵略されて頼りにならず、高麗自体も何度も北方民族の侵略を受けます。

刀伊の入寇と無防備な日本

高麗時代の十一世紀は、日本では平安時代で藤原道長の摂関政治の時代です。『源氏物語』が書かれたこの時代、あまり知られていませんが、日本は大陸からの侵略を受けていました。この事件を「刀伊《とい》の入寇《にゅうこう》」と言います。

「刀伊」とは「東夷」を意味するとも言われ、要するに高句麗・渤海の末裔である女真族のことです。

一〇一九年、それまでもたびたび高麗や日本の沿岸を襲っていた女真の船団が、大挙して対馬、壱岐を蹂躙《じゅうりん》、博多をはじめとする北九州各地を襲い、殺戮と略奪を繰り返しました。

道長と対立した武闘派の公家で、太宰府の長官として赴任していた藤原隆家は九州の武士団をまとめ、侵略者を撃退することに成功しました。

平安初期、坂上田村麻呂が岩手の蝦夷《えみし》を降伏させたあと、財政難となった朝廷は徴兵制に基づく軍団を廃止してしまいました。それが武士団の成長を促進したのですが、幸いにして宋の成立により対外関係は無風状態で、国内だけでなく国防の意識も著しく低下していたにもかかわらず、武士たちは侵略者に対して団結協力し、国を守ったのです。

しかし当時の朝廷は、藤原隆家による武士団への報償の要求を断ります。刀伊の入寇は電撃的で、太宰府から朝廷への報告は間に合わず、結果的に朝廷の許可のない戦いになっていました。「武士団の私闘に報償は払えない」というのがその理由です。日本が島国だったからこその危機意識の薄さが、すでに「平和ボケ」を生み出していたのです。ちょうど千年前の出来事は、現在の日本人にも重要な示唆を与えているのではないでしょうか。海の向こうで何が起きているかには無関心で、それ相応の軍備も整えないのであれば、ランドパワーに不意を突かれるのです。有事には結局、現場の指揮官が対応せざるを得ないのです。

この事件は、国防に携わる人を見下げるようなことがあってはならないことを教えています。

このあと日本は、平氏政権から源平の争いへと続く時代に入ります。日本史における宋は、日宋貿易の相手として知られています。宋の特徴は、朝貢という「政治の論理」よりも、「貿易による利益」を重視する王朝だったことです。イデオロギーよりも経済合理性を重視することは、シーパワー的な考え方と言えます。

日宋貿易を主導したのは平氏で、伊勢湾と瀬戸内の海賊を配下に置くシーパワーでした。遣唐使終了後は密貿易が盛んになり、平氏はその「元締め」として莫大な利益を上げ、朝廷に献上することで政治力を伸ばしたのです。この過程で宋から大量の銅銭を輸入し、日本からその原料となる銅を輸出しました。この平安末から戦国時代にかけて、日本で流通した貨幣はもっぱら中国の銅銭でした。日本は事実上、中国と「通貨統合」をしたような状態です。

平氏が優れていたのは、決して宋と政治的には関わろうとしなかったことです。

単なる貿易相手、ビジネスパートナーとしか考えておらず、政情不安な大陸の動きからは距離を置きました。

これと対照的なのが、関東に拠点を置く源氏です。源氏はまったくのランドパワーであり、ナショナリストです。いま風に言えば「反グローバリズム」で、その支持基盤は開拓農民が武装した東国武士団でした。シーパワーの平氏は海上ルートを押さえていましたが、ランドパワーに結局チョークポイントの港を押さえられてしまったことがきっかけで、滅亡へとつながっていきました。

暗転する高麗、モンゴルへの服従

鎌倉ランドパワー政権が着々と基盤を築いていった日本に対し、悲惨なのは高麗でした。十三世紀、北中国の金王朝を奪い取ったモンゴル帝国（大モンゴル国）は、同時進行で高麗への侵攻を開始します。その後三十年間、モンゴル軍は高麗全土を焼き尽くし、数百万人を拉致します。国号を中華帝国風に「元」と改めたフビライ・ハンは、高麗王を服属させ、忠誠を誓わせました。高麗の王子は首都・大都（現在の北京）に人質として送られ、モンゴル語で教育を受け、ハンの娘を王妃に迎えてモンゴル化させられます。こうして高麗は元の一部となり、やがて日本遠征に全面協力するのです。

高麗を使って日本に対し何度も使者を送り、服属を要求します。このとき、もしも日本が国防に関心の低い平安末期の混乱状態であったら、あるいはプライドよりも実利を優先させる平氏政権であったなら、強力な元の要求をあっさり受け入れた可能性はあったと思います。

ロシアや他の中国王朝のような典型的なランドパワーが農業を基盤としているのに対し、モンゴル民族はあくまで遊牧民であって、土地に固執せず、流通の重要性もよく理解しています。紙幣の発行など経済政策も得意で、海にも目を向けることができます。

同時に、征服した国を直接統治するよりも、旧支配層を臣下として間接統治させる方法を好みました。これならば最小限で最大の成果を得られるのです。高麗にもそのように接しましたし、日本に対しても同様にするつもりでした。しかし、鎌倉幕府の執権・北条時宗は要求をはねつけます。こうして全面戦争を迎えることになります。

一回目、一二七四年の文永の役では元・高麗の連合軍がやってきたわけですが、

図表2-4　元寇解説図

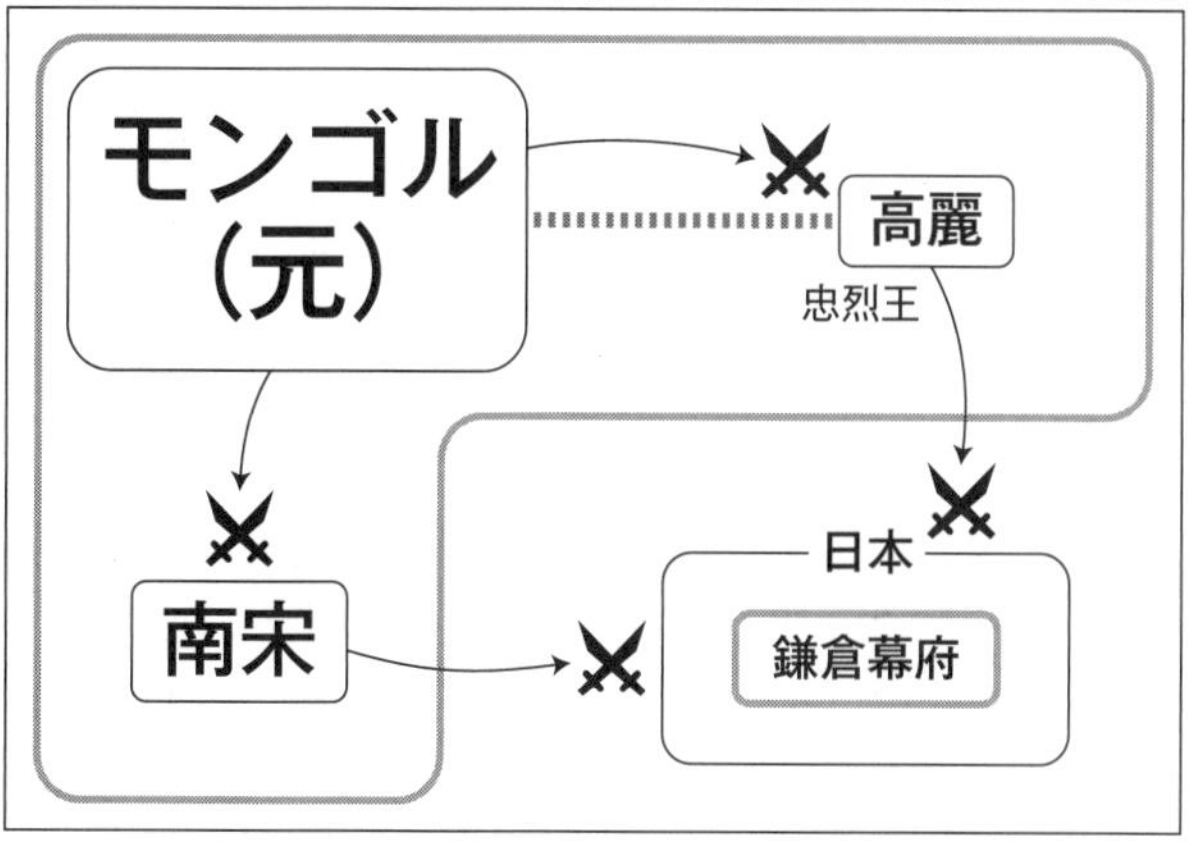

船も船のこぎ手も高麗が提供したものでした。博多上陸に成功しますが、日本武士団の抵抗に阻まれ、わずか一日で撤収します。フビライは再び服属を求める使者を送ってきましたが、この使者は鎌倉で斬られました。この間に南中国の南宋がモンゴルに滅ぼされます。

一二八一年の弘安の役は、元・高麗・旧南宋の連合軍です。元は旧南宋軍兵士が反乱を起こすことを警戒し、半ば棄民として日本を攻めさせ、入植を促したのです。

南宋軍の戦意が低かったのは当然として、高麗軍はそれなりに奮戦したといいます。すでに王までが元にからめとられ、言葉も服装もすべてモンゴル風に同化しているのですから、頑張るしかなかったのかもしれません。日本の武士団はモンゴル兵と高麗兵は殺し、戦意喪失の南宋兵は捕虜として送還しました。

一般に元寇は「神風」が吹いて勝ったとされますが、鎌倉武士の奮戦と南宋兵の士気の低さが最大の勝因でした。

同時に、刀伊の入寇や二度の元寇からわかるのは、陸軍国は海軍国を、大陸国家や半島国家は島国を攻めにくく、大陸国家はなかなか日本を攻撃できないという原則です。同じことは、欧州大陸の国は英国を征服できない、という事実からも証明できます。

攻撃するためには将兵と武器、食糧を搭載して海を渡らなければなりません。造船、操船、水泳などさまざまな技術が要求されるのですが、陸軍国はそもそもそうした技術にリソースを割く必要がないため、不得手なのです。

その事情を顧みずに攻撃すると、悲惨な結末が待っています。古くは紀元前五世紀、ペルシア艦隊がギリシア艦隊に完敗したサラミス海戦が典型です。海を知り尽くしたギリシア艦隊によって狭い水道に誘い込まれ、続々と撃破されたペルシアの乗組員たちは、もともと水兵ではなく、うまく泳げずに溺死してしまったといいます。海を知らない兵士が海で戦うことの恐怖感。海はまさに最強の防壁なのです。

「倭寇」は無国籍シーパワー

元寇のあと、「倭寇《わこう》」と呼ばれる海賊、あるいは密貿易集団が東アジアに出没するようになります。

倭寇とは、文字通りに受け取るならば「倭」（＝中国・朝鮮側から見た日本）による海賊ですが、実際は無国籍集団に近い存在で、しかも時期や組織によってさまざまな形態が見られます。

倭寇は大きく二つに分かれます。

「前期倭寇」と呼ばれるのは日本人が多く、十四世紀、鎌倉幕府の衰退を受け、幕府の統制を離れた海賊衆が、元寇の報復や、元寇で拉致された身内の奪還のために高麗の沿岸を襲いました。これに、旧南宋の武装商人が合流して、無国籍化していくのです。

「後期倭寇」とは、十六世紀の中ごろ以降活動した、中国人を主体とするものです。福建省を根拠地とするものが多く、対馬や五島列島にも拠点を持ち、日本との密貿易を行いました。中国産の絹織物と日本銀を交換するのです。この無国籍シーパワーにはポルトガル人も加わり、鉄砲を日本へ輸出しました。後期倭寇の隆盛は、ランドパワー明王朝の海禁政策により、民間貿易が大きく制限されたことへの抵抗運動でした。明は結局、倭寇によって海禁を緩めざるを得ず、北のモンゴルと南の倭寇という二つの敵（北虜南倭《ほくりょなんわ》）に対抗するための軍事費がかさみ、衰退していきます。

最終的に後期倭寇を取り締まったのは豊臣秀吉です。

賭けに勝った李成桂とグローバリスト足利義満

高麗では、倭寇取り締まりで名声を高めた軍司令官、李成桂《りせいけい》が台頭します。同じころ、元は旧南宋人の農民反乱（紅巾の乱）で弱体化し、やがて漢人の貧農出身の朱元璋《しゅげんしょう》が建てた明に押され北京を放棄します。

十四世紀末、元は属国の高麗に救援を求めますが、明に対する討伐軍を率いる李成桂は国境の鴨緑江《おうりょくこう》でUターンし、高麗国王を退位させるクーデターを敢行、明の冊封を受けて「朝鮮」という国号を名乗ります。これが朝鮮王朝（李氏朝鮮）です。

李成桂のチャレンジには、なかなかのリスクがあったと思います。この時点で元が滅亡しているのではなく、元が勝つか、明が勝つかはわかりません。味方につく勢力を間違えれば命はありません。しかし李成桂は明の優勢を予測し、見事に賭《か》けに勝ったのです。半島国家の指導者は、「機を見るに敏」でなければ国を滅ぼします。その意味で李成桂は天才的でした。

同時期、日本は室町時代を迎えていました。明は室町幕府に対しても貿易を許可する代わりに朝貢を要求します。白村江の戦い以来、日本は中華帝国への朝貢を拒否してきました。ところが時の権力者である足利義満は、交渉の結果、みずから「日本国王」と名乗って、明の要求をあっさり呑んでしまいます。こうして始まったのが勘合貿易で、日本には莫大な利益がもたらされました。

足利氏は関東武士ですが、足利義満自身は経済に明るく、これからは土地ではなく流通に税をかけるべきだと考えていました。目的達成のためならメンツにはこだわらず、名目上は明の配下でも構わないと考えるグローバリストだったのです。

こうして名目上、明を宗主国として「日本国王」と朝鮮国王が皇帝の配下に対等に並列する状況となり、しばらくは落ち着いた関係が続きました。唯一の例外が「応永の外寇」と呼ばれるトラブルです。

一四一九年、倭寇の根拠地となっていた対馬に対して、朝鮮が攻め込んできたのです。しかし、誰が倭寇なのか識別はできず、無差別に島民を襲い始めるのですが、ここでも対馬の武士団が驚くべき奮戦を見せます。

対馬の宗《そう》氏の配下にはよく訓練された騎兵隊がいて、一万もの朝鮮軍を、わずか数十騎で蹴散らしてしまうのです。結局、朝鮮軍は宗氏の説得に応じて撤退していきます。

このとき朝鮮との交渉ルートを築いた対馬側は、朝鮮側に貿易を持ちかけます。対馬は米作に適した土地が少なく、距離的には九州より朝鮮のほうが近いため、大きなメリットがあるのです。室町幕府も事実上、これを黙認し、朝鮮との交渉は対馬の宗氏に丸投げしました。

朝鮮側は、「対馬島主が朝鮮王の臣下になった」と一方的に解釈します。つまり対馬を日本とは別の国と考え、関係改善と貿易の申し入れを朝貢と見なしたのです。日本側はそんなことを一度も認めていませんが。今日、韓国では対馬を歴史的に韓国領と見なす解釈がありますが、その根拠はこれです。

これ以降、対馬は日朝の間で特殊な位置を占め、貿易で大きく潤うことになります。同じような役割をするのが沖縄の琉球王国で、こちらは実際に明に朝貢し、冊

図表2-5　元・明・朝鮮・足利・対馬関係図

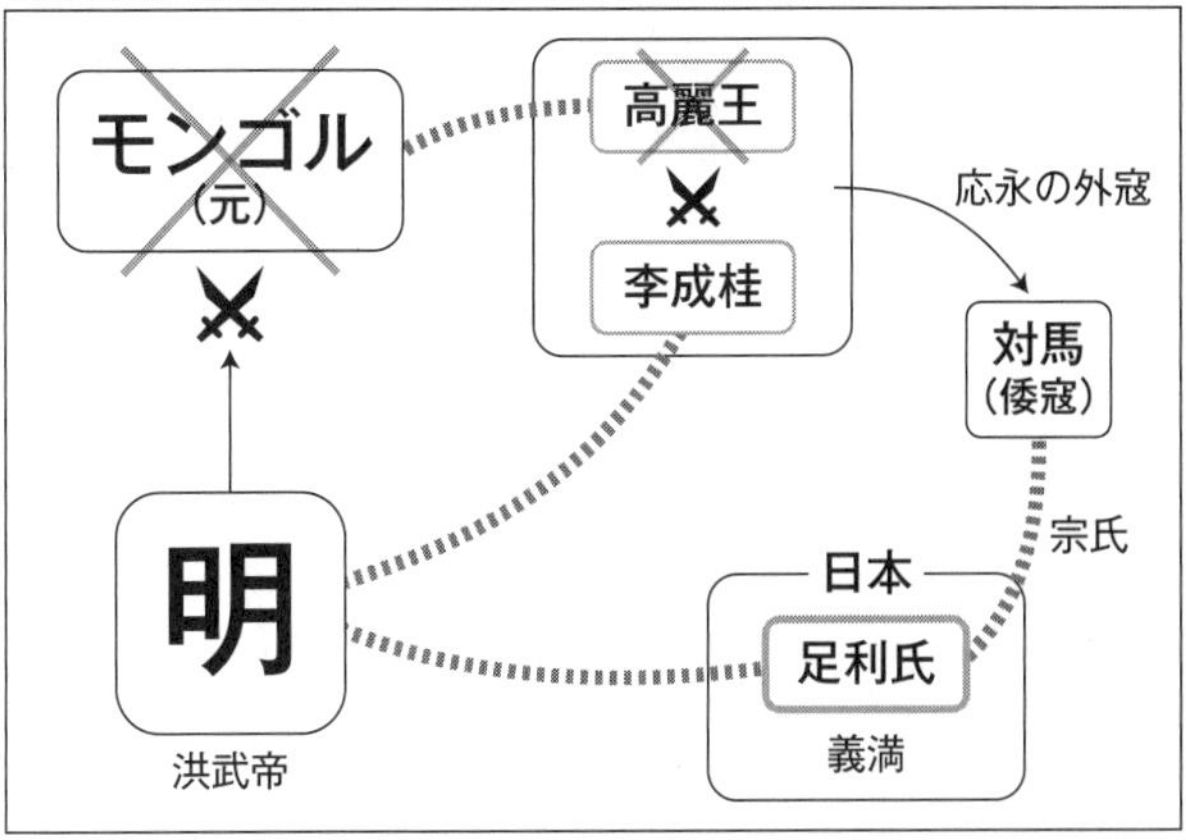

封を受けていました。

秀吉による天下統一の過程で対馬の宗氏は秀吉に服属し、朝鮮出兵の先導役を任されました。家康は薩摩藩による琉球出兵を許可し、琉球は従来どおり明・清に朝貢しつつ、実際には薩摩藩の占領下に置かれました。幕末には米国のペリー艦隊が琉球に上陸し、ロシア軍が対馬を占領するなど、国境画定が急務となります。明治維新で主導権を握った薩摩藩は、琉球を完全に併合しました。こうして、日本国の範囲が明確になっていくのです。

ヤンバン支配体制

李成桂は高麗の都・開城から漢城（現在のソウル）に遷都し、高麗の制度も廃して明の制度を全面的に取り入れます。

科挙を重視し、官僚は文班（文官）と武班（武官）を総称した両班（ヤンバン）と呼ばれました。モンゴル時代への反発から漢人の文明への回帰が明白で、明の官学、朱子学を取り入れます。朱子学の解釈については第一章で簡単に説明しましたが、後でまた詳しく述べます。

科挙の試験問題は漢文で出題されます。ヤンバンとは、漢文を自在に操れる知識人を意味します。しかし朝鮮語の発音も文法構造も中国語とはまったく異なり、むしろモンゴル語や満州語、日本語に近いため、漢文を自由に読み書きできるようになるためには、子供のころからの英才教育が必要でした。日本では、九世紀の遣唐使廃止のころから仮名文字が普及し、『土佐日記』や『源氏物語』のような仮名文字文学が生まれ、女性や子供でも読み書きが可能になっていました。モンゴル人、満州人、チベット人、ベトナム人も独自の文字を考案しています。

しかし中華文明にどっぷり浸かってしまった朝鮮では、漢文を読みこなせる人＝文明人、という観念が浸透した結果、それ以外の文字を蔑視するようになっていたわけです。

ですから、漢文を読みこなせない庶民は、文盲の状態に置かれていました。これを危惧したのが朝鮮王朝第四代の世宗《せいそう》という国王で、学者を集めて朝鮮語の発音記号を考案させ、「訓民正音」の名で公布しました。これがハングルの始まりです。

しかし朝鮮王朝時代、ハングルはまったく普及しませんでした。朱子学を学んだヤンバンが抵抗したからです。ハングルは「中華」の文字ではなく、恥ずべき夷狄《いてき》の文字と考えたからです。ハングルが小学校教育を通じて普及したのは、実は日本統治時代なのです。朝鮮総督府が識字率向上のため、日本語教育と同時にハングル教育も奨励したのです。

こうしてヤンバンは、自国の庶民階級をも蔑視し、ヤンバン同士で通婚することで特権階級化していき、一族や地域ごとに徒党を組んで権力闘争（党争）を繰り返し、官位を争うようになります。パターンは決まっていて、A党がB党の不正行為を国王に讒言《ざんげん》（タレコミ）し、これを国王が取り上げてB党を一族もろとも一斉逮捕し、「反逆者」として処刑・流刑に処す。空いたポストは論功行賞としてA党に分配する。すると今度はＡ党がＡ１党とＡ２党に分裂、Ａ１党がＡ２党の不正行為を……この繰り返し。歴史モノの韓流ドラマでも、延々とこれが繰り返されます。

こうしたなかで朝鮮半島から合理的思考、経済や技術を重視する思考が奪われ、次第に社会は腐敗していきました。その一端が垣間見えるのが、豊臣秀吉による朝鮮侵攻です。

秀吉が九州に大軍を集結している、という情報は、もちろん朝鮮側にも伝わっていました。朝鮮王は偵察のため、大坂城の秀吉に使節団を派遣します。ところが使節団のなかで派閥抗争が起こり、「秀吉を警戒すべし」「秀吉恐るるに足らず」という相反する報告書が出されたため、結局国王は何もせず、日本軍一六万の上陸を迎えたのです。

秀吉の朝鮮出兵の実態

戦国の日本を統一した豊臣秀吉は明の征服を計画し、その通路を求めて一五九二年から朝鮮半島に侵攻しました。秀吉の朝鮮出兵を、日本側では「文禄・慶長の役」と呼び、朝鮮側では「壬辰《じんしん》・丁酉《ていゆう》の倭乱」と呼びます。戦国の世で戦いに慣れ、鉄砲が大量に普及していた日本軍は圧倒的な強さを誇り、首都の漢城（ソウル）や平壌《ピョンヤン》を攻略し、さらに北上します。

都を奪われ、明との国境近くまで追われた朝鮮国王は明に救援を求め、明と日本軍の争いが朝鮮半島で行われる格好となり、国土は荒廃しました。

戦線は膠着し、翌年いったん明と日本の間で仮の和議が結ばれます。この際、派遣されていた小西行長をはじめとする武将たちは、この戦いの先に戦国時代のような「明るい未来」がないことをすでに悟っていました。国内の争いであれば、勝者には領地や領民が与えられて部下に報いることもできますが、実際に目にした朝鮮の土地や人民は明らかに日本よりも生産性が低く、そもそも外国なのですから、与えられたところで統治に苦労することが目に見えていました。そこで小西行長は明の皇女を後陽成《ごようぜい》天皇の妃として要求する秀吉の国書を偽造し、秀吉が明から冊封を受けるという形にして、いち早く休戦を成立させるのです。

事情を知った秀吉は激怒し、再度の侵攻を命じます。これが後半にあたる慶長の役ですが、翌年の秀吉死去によって再び休戦し、事実上終結します。

今日の韓国で英雄視されている人物の一人、李舜臣《りしゅんしん》は一連の戦いで活躍した武将です。文禄の役では火砲を搭載した亀甲船を操って名をあげたものの、休戦後は権力闘争に巻き込まれていったん姿を消します。その後、慶長の役では再び起用されて日本軍の追撃を断ったとされています。日本側の記録にも登場するため有能な武将であったことは間違いないようです。

しかし朝鮮軍は陸上戦で圧倒的に負けており、補給路の遮断や撤退の妨害において戦術的成果を挙げた程度と見るべきでしょう。小西行長の撤退を阻もうとして戦死したことが伝説化し、「命を捨てて国を救った名将」として、ハングルを作製した世宗とともに広く尊敬を集める数少ない人物となっています。

秀吉は〝欧州情勢ウォッチャー〟だった

一連の戦いの歴史から、当時の東アジアの地政学や、朝鮮半島の特殊性を知るヒントが得られます。なぜ秀吉が、朝鮮や明への侵攻にこだわったのかについてです。朝鮮出兵は、地政学的にはシーパワーの日本を大陸での戦争に引きずり込み、国力を浪費した作戦でした。何も得ることなく撤収し、豊臣政権を短命に終わらせた点でも、愚策だったと言えるでしょう。

そもそもなぜ秀吉は、明の征服などという突拍子もないことを考えたのか？　こ

図表2-6　秀吉の朝鮮侵攻

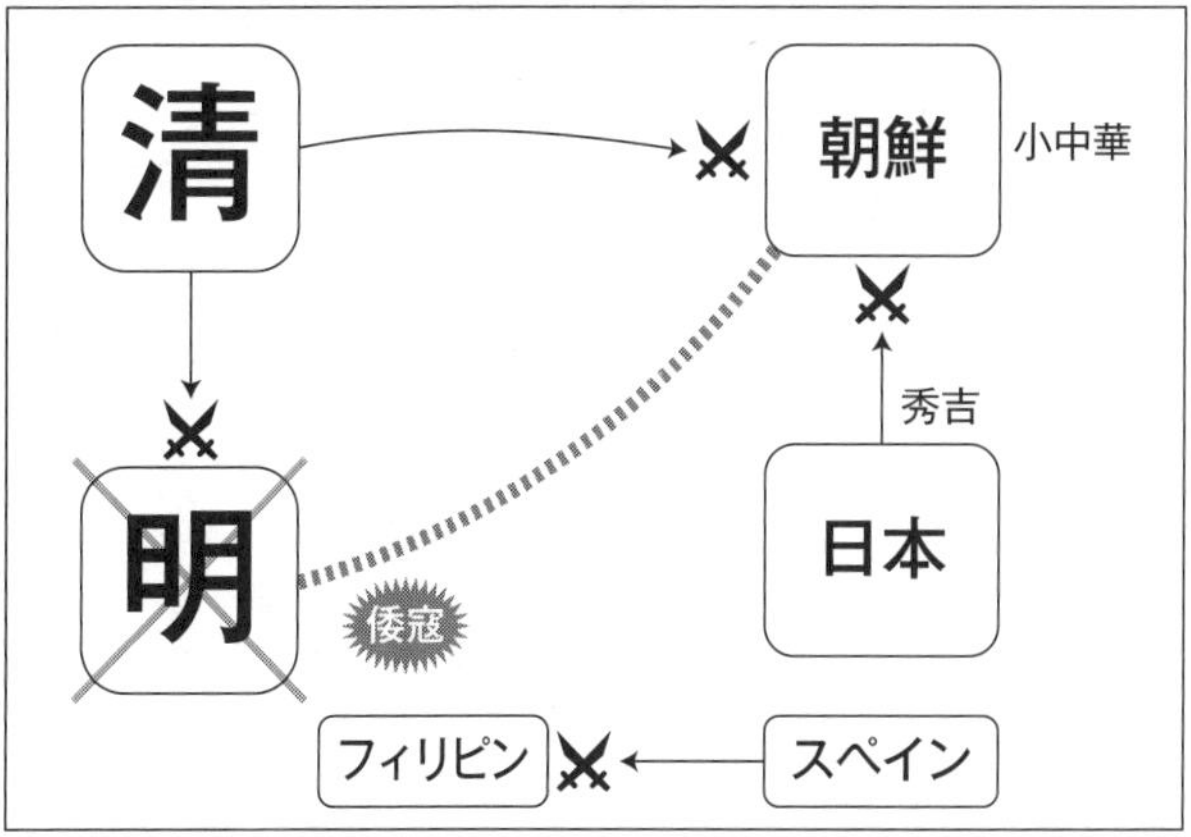

れをもう少し大きな構図で考えてみます。東南アジアや欧州にも視点を移してみましょう。

日本の南、明の東にあるフィリピン諸島には統一国家がなく、島ごとに部族長が治めていました。一五二一年にマゼラン率いるスペイン艦隊がここに漂着、フェリペ王子の名にちなんで「フィリピン」と名づけました。一五六〇年代半ばからスペイン人が入植し、植民地化を強めます。

フェリペ二世が即位したスペインは、中南米のアステカやインカを征服し、ポルトガルをも併合して「太陽の沈まぬ国」と呼ばれる全盛期を迎えていました。世界のカトリック化を目指すフェリペ二世とイエズス会にとって、最終目標は中国・明王朝の改宗であり、その手っ取り早い方法は、アステカ・インカで成功したように、武力征服してしまうことでした。しかし、石器の弓矢や棍棒が主力だったアステカ・インカとは違い、明は大砲も装備した巨大帝国であり、武力征服には困難が伴いました。

イエズス会宣教師は、ザビエルの布教以来、多くの宣教師が布教を行い、ポルトガル商人がもたらした鉄砲が普及していた日本を最初に改宗させ、カトリック化した日本軍を尖兵として明を征服する計画をフェリペ二世に進言しています（詳しくは小著『世界史とつなげて学べ 超日本史』を参照）。

安土城で信長と会見した宣教師ルイス・フロイスは、「信長が明への遠征計画を持っていた」と証言しています。しかしその実現前に、信長は本能寺の変で命を落としてしまいます。

信長の後継者となった秀吉は、当然その計画を知っていたと思われます。けれども、延暦寺・本願寺など仏教勢力との戦いに明け暮れ、イエズス会を保護した信長とは違い、イエズス会の活動の裏にスペインの領土的野心を察知していた秀吉は、「日本は神国たるところ……」で始まる宣教師《バテレン》追放令を発してキリスト教弾圧に転ずるとともに、スペインの裏をかく形で明を征服する意思を示したのです。

もしスペインが日本を使わず直接に明を侵略、植民地化して東アジアでの勢力を増やせば、次に狙われるのは日本になる公算が高く、先手を打ったとも考えられます。

秀吉の選択が正しかったのかどうかは、秀吉自身の死去によってわからなくなりました。ただ、明はこの後にいっそう弱体化し、五十年後には満州人のわずかな兵力によって滅亡しています。もしも秀吉の意思どおりに明・朝鮮との戦いを続けていれば、あるいは北京にまで到達できたのかもしれません。無論、それが後年の日本にとってよかったかどうかはまた別の問題です。

徳川家康が朝鮮からの撤収を命じたのは英断でした。家康が天下を取ったのは関ヶ原の戦い（一六〇〇年）ですが、同年、家康は九州に漂着したオランダ船を保護し、乗組員のオランダ人ヤン・ヨーステンと英国人ウィリアム・アダムズを外交顧問として迎え、最新の欧州情報を手に入れます。

この十二年前、スペインのフェリペ二世の没落を決定づける戦争が起こっていました。カトリックの強国スペインに対し、新教徒のオランダが独立戦争を起こしており、これを英国のエリザベス一世が軍事援助していたのです。フェリペ二世はオランダ制圧と英国への侵攻を目的に「無敵艦隊《アルマダ》」を派遣しますが、ドーヴァー海峡で英国艦隊に撃破されます。このアルマダ海戦（一五八八年）でシーパワー国家英国は大陸からの攻撃に耐えられることを証明しました。こうした欧州の政情はオランダを通じて江戸幕府に伝わっていました。いわゆる「鎖国」は、スペイン・ポルトガルのカトリック勢力を追放したのであり、新教徒のオランダと英国は友好国として遇したのです（英国はオランダとの貿易競争に敗れて、自主的に日本から退去します）。

清への屈服と小中華思想の呪縛

秀吉の出兵で国土が荒廃した朝鮮にとって、国を立て直す間もなく、明の弱体化と満州人の侵攻を迎えたことは、致命的なことでした。

明が弱体化した大きな要因は、皇帝独裁を支える宦官《かんがん》の政権私物化と浪費、北虜南倭（北方民族と倭寇によるダメージ）ですが、根本的には商業活動を軽視する硬直した朱子学を官学にしたことです。朝鮮に援軍を派遣して財政難が深刻になった明は、その負担を農民に転嫁しました。これが大規模な農民反乱を引き起こすことになります。

明の衰退に乗じた女真族のヌルハチは「満州人」と改称し、明からの独立を宣言します（一六一六年）。明を宗主国とあおぐ朝鮮は、明についてヌルハチと戦いますが敗北、逆に満州人の侵攻を受けます。

一六三六年、ヌルハチを継いだホンタイジは国号を「清」と改め、皇帝即位を宣言して朝鮮王に服属を要求します。こういうとき半島国家の宿命としては「勝ち組」に乗るしかないのですが、満州人を「夷狄」と蔑視する朱子学の影響で朝鮮は判断を誤りました。ホンタイジの即位式に参列した朝鮮の使者は、臣下の礼である「三跪九叩頭《さんききゅうこうとう》（土下座）」を拒否したのです。ホンタイジは激怒し、自ら大軍を率いて朝鮮へ侵攻、またたく間にソウルに迫りました。国王の仁祖はソウル近郊の南漢山城に立てこもりますが、兵糧攻めにあい、漢江《ハンガン》南岸の三田渡《さんでんと》にあったホンタイジの陣に出向き、ホンタイジの前で三跪九叩頭を強制され、服属を誓わされるという屈辱を味わいます。この「三田渡の盟約」を刻んだ石碑はいまも同地に残されています。

朝鮮はリアリズムを捨てた

いったい何が屈辱なのか?

朝鮮は古代から中華帝国の属国でした。モンゴル時代には元と完全に一体化し、日本遠征のお先棒まで担ぎました。「勝ち馬に乗る」というしたたかなリアリズムを発揮してきたわけです。ところが元を打倒した明に傾倒し、明と同化すべく原理主義の朱子学を取り入れたことから朝鮮人はリアリズムを捨ててしまいました。朱子学は理想と現実にギャップが生じるとき、現実を否定します。「正統な中華」であるはずの明が、「夷狄」の満州人に敗れるはずがないと信じ、清軍の北京入城(一六四四年)と明清交代という現実を受け入れられなかったのです。

明の崩壊で孤立無援となった朝鮮は、表面的には清に服属して国を守るしかありません。弁髪の異民族を心底では蔑視し、面従腹背《めんじゅうふくはい》の態度を続けながら、「わが朝鮮は国土は小さいが、滅亡した明の文明の継承者である」と信じ、ひそかに明の年号を使い続けることでプライドを保ったのです。

「小中華」思想はこうして生まれました。

ヤンバンは朱子学に没頭し、派閥抗争に明け暮れます。中華文明以外を蔑視するため、外国の文化や情報には無関心でした。このことが十九世紀、欧米列強のアジア進出に朝鮮が対応できなかった最大の理由です。朱子学の影響が少なく、いち早く近代化を成し遂げた日本とは、鮮やかな対比を見せています。

朱子学の考え方（五三〜五七ページ参照）のフレームを用いると、いくつかわかることがあります。たとえば秀吉の朝鮮侵攻の結果、日本軍は大勢の捕虜を連れ去ります。その大半は家康のときに帰国しましたが、有田焼の基礎を築いて「陶祖《とうそ》」と呼ばれる李参平をはじめ、陶工として日本に帰化し、産業の基礎を築いた人たちがいます。李参平の子孫はいまも続いて一四代目、鹿児島・薩摩焼の沈壽官《ちんじゅかん》の子孫も一五代目です。いずれも陶芸家として高い尊敬を集め、ブランド力を誇っています。

こうしたストーリーを朱子学的思考で解釈すると、こうなります。

「中華文明を受け継ぐ朝鮮民族の末裔が、夷狄で文化の遅れた日本でいまだに尊敬されている――」

ところが韓国・朝鮮には、四百年以上続いた陶工など存在しません。朱子学において「聖人」「君子」は基本的に労働をせず、知的活動だけをすることにプライドを持っています。肉体を使って働く農民や職人は、同等の人間として扱いません。陶工は間違いなく肉体労働者で、尊敬に値しないのです。職人の子は職人になることを恥じ、できれば科挙に合格してヤンバンになりたいと思うのです。

韓国では今日に至るまで、学歴至上主義、大企業主義、公務員主義が続き、ブルーカラーの仕事を見下す傾向があります。権威やプライドが優先され、「職人魂」のようなものはなかなか根付きません。これも、朝鮮王朝の朱子学偏重の名残だと考えれば納得できます。

朝鮮通信使と幕府の利害一致

朝鮮通信使は室町幕府の時代に始まりましたが、秀吉の朝鮮侵攻で途絶えていました。日朝の間に位置する対馬藩は朝鮮出兵にも動員されましたが、日朝の関係回復と貿易の再興を狙い、朝鮮通信使の復活に努力した結果、捕虜の帰国などを成功させ、江戸幕府から再び独占的な貿易を許されることになります。

朝鮮が清の冊封国になったこと、そして徳川幕府が豊臣家を滅亡させたことで、日朝は復交し、朝鮮通信使は将軍の代替わりの祝賀を名目にやってくるようになりました。江戸幕府は清の商船の来航は許可したものの、朝貢を拒否したため正式な国交はありません。一方、朝鮮側から見れば、朝鮮を侵略した豊臣政権を打倒したのが徳川家ですから、江戸幕府との国交は歓迎すべきことでした。

清朝皇帝と朝鮮国王とは君臣関係でしたが、朝鮮国王と徳川将軍とは対等でした。徳川家は「日本国王」あるいは「日本国大君」の肩書きを使っています。将軍を任命する京都の天皇は儀礼的な君主であり、外交にはノータッチでしたので、天皇と朝鮮国王との上下関係は問題になりませんでした。

日本側にとって、朝鮮通信使から得るものは清に関する情報のほか特にありません。ただし、見かけ上は将軍に対する朝鮮国王の朝貢のように演出することで幕府の権威向上に利用できましたし、朝鮮側もそのことには気づいていました。

それでも通信使がやってきた理由は、偵察の目的が大きかったからです。再び朝鮮に侵攻してこないかを探るためです。江戸幕府からの答礼使は対馬藩が代行しましたが、首都のソウルへは上らせず、港町の釜山に「倭館」を置いて接受しました。倭館には対馬藩士が常駐し、神社や交易場も設けられました。

朝鮮通信使としてやってきた使節団は、東海道を往来することで江戸時代の日本を詳細に観察します。その記録がいくつか残されていますが、中華の外にいる「獣のごとき」日本人を侮蔑しつつも、大坂、京都、名古屋、そして江戸の繁栄ぶりや、水車、貨幣経済などの技術に対しては素直な驚きを記しているのが印象的です。

しかし、そこから何かを汲み取ろうとする動きは、少なくとも国のレベルではありませんでした。こうしているうちに、朝鮮にも、そして日本や清にも、近代化の荒波が迫ってきます。

近代化する日清、改革を拒絶する朝鮮、南下するロシア

東アジアのプレーヤーである中国（清）、日本（江戸幕府）、朝鮮にとって、その幕開けは少しずつ時期がずれています。

清が、後に洋務運動という近代化に突入するきっかけとなったのは、一八四〇年に英国が始めたアヘン戦争なのに対し、日本に米国からペリー艦隊がやってきたのは一八五三年のことです。

清は英国の三角貿易で国内にアヘンが蔓延し、取り締まりを強化すると逆に英国の侵攻を招き、第二次アヘン戦争（アロー戦争）では英仏連合軍に北京を占領され

図表2-7　ロシアの南下

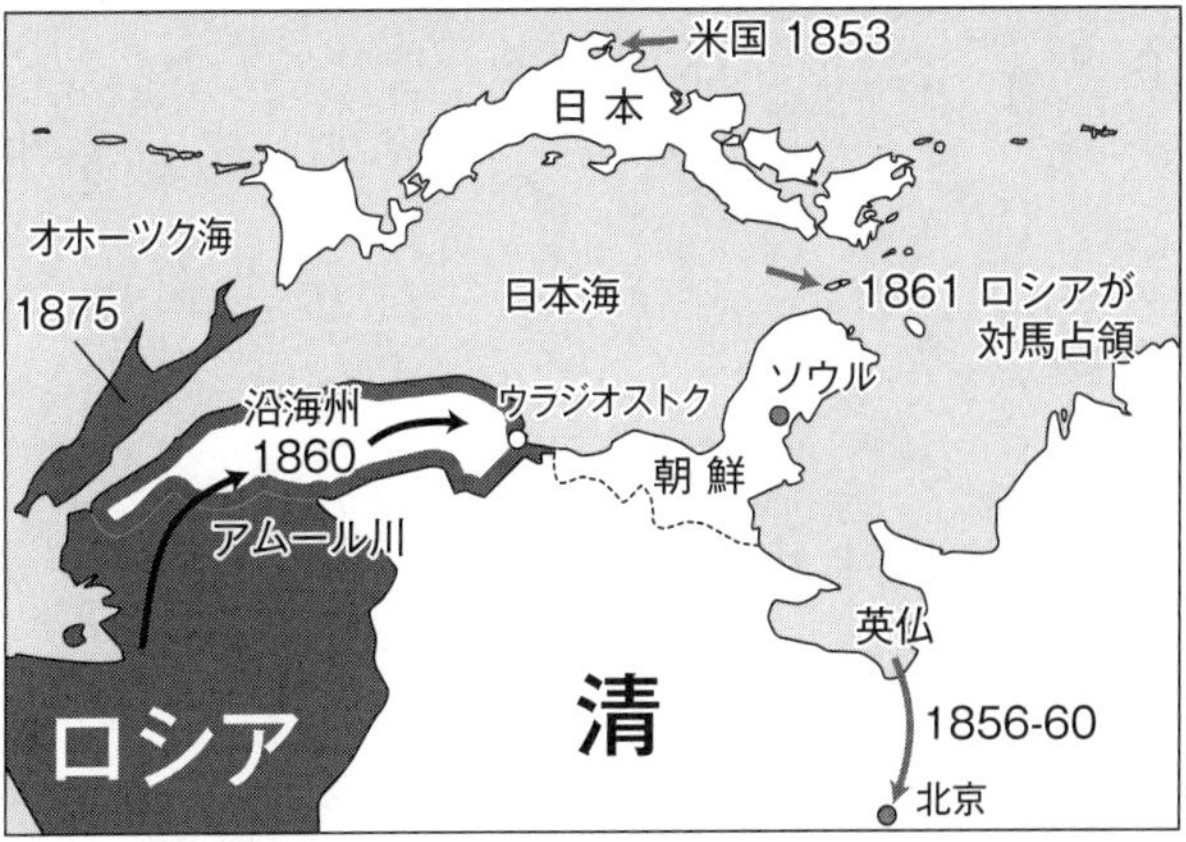

てしまいました。

この時期、極東で南下のチャンスを狙っていたのがロシアです。ロシアはアロー戦争に乗じて清と交渉し、アムール川とウスリー江を新たな国境として日本海に開かれた沿海州を確保（一八六〇年）、極東政策の要として軍港ウラジオストクを建設します。

危機的状況が続くなか、幼帝の摂政・西太后《せいたいこう》のもとで清はいや応なく近代化を目指すことになります。蒸気船の導入など軍隊の近代化、工業振興や鉄道の敷設、鉱山開発などを行いますが、技術もカネもない清は列強諸国からの借款《しゃっかん》漬けとなり、その担保として鉄道・鉱山・港湾などの権益を奪われ、半ば植民地化していきます。

アヘン戦争の報に衝撃を受けた日本では、米国のペリー艦隊の来航を機に幕府が開国に応じ、英国の支援を受けた薩摩・長州が明治政府を樹立し、近代化の道を進みます。

この時期、朝鮮でもアメリカ船、フランス船の上陸事件が起こりますが、朱子学の理想世界に住むヤンバンたちはこれといった反応を見せず、無為に時を浪費していったのです。

「隙あらば南下を試みる」というのは、ロシアの典型的な地政学的行動パターンです。ロシアはこれ以降、三国干渉、日露戦争、そして第二次世界大戦末の対日参戦と北方領土占拠、そして南北朝鮮分断と北朝鮮支援など南下への意欲を見せ続け、今日もこの原則を貫いています。

ロシアのこのような行動は、バルカン半島でも、コーカサスでも、中央アジアでも見られます。国連がなく、力の強い国がすべてを確保する時代です。

このような歴史と地政学を踏まえるならば、現在、ロシアが米朝交渉に割り込んでくるかのような姿勢を見せていることは、混乱に乗じて今後の統一朝鮮に介入し、ウラジオストクよりも便利な拠点を築こうとしている可能性を考える必要があります。

日本が朝鮮に近代化提案

「日本海」と命名したのは、十九世紀初頭にこの海を初めて航行したロシア艦隊の司令官クルーゼンシュテルンでした。清から奪ったウラジオストクに軍港を築いたロシア海軍は日本海を内海とし、幕末の混乱期には一時的に対馬を占領していました。

明治維新を成し遂げた日本にとって最大の仮想敵国はロシアでした。ウラジオストクのすぐ南は朝鮮です。動きの鈍い朝鮮に危機感を抱いた明治政府は、朝鮮王朝と国交を結び、ともに近代化を推進して欧米列強から身を守ろうと提案を続けます。

この動きに応じるかどうかの朝鮮王朝内部の争いについては第一章（五七～五九ページ）で説明しましたが、朝鮮王朝の朱子学的思考では、安易に明治新政府と対等な国交を結べない事情がありました。

朱子学は政権の正統性を重視します（大義名分論）。朝鮮側の視点としては、それまで江戸幕府を率いる「大君＝日本国王」の将軍と対等な関係を結んでいたのであって、それを滅ぼした薩長連合はあくまで反乱軍にすぎず、交渉できないという論法が成立します。

明治新政府は朝鮮王宛に明治天皇の署名の入った国書を送りました。朝鮮側にはこれも受け入れられません。朱子学的華夷秩序においては、王よりも上のランクである「皇帝」と認めるのは中華皇帝だけであって、「夷狄」である日本の王が「天皇」とは何様だ。「日本国王」に書き換えよ、さもなくば交渉には応じない、という態度を示したのです。

日本側は当然、この要求を拒絶します。朝鮮が唯一の「皇帝」とする中国の清とは、一八七一年に日清修好条規を結び、少なくとも清の皇帝と日本の天皇を対等の存在として認め合っていたからです。清はアロー戦争後の北京条約で、英国女王ヴィクトリアやフランス皇帝ナポレオン三世とも対等な外交関係を結んでいたので、明治天皇に対しても君臣関係を要求できなくなっていたのです。もし「日本国王」という称号を使えば、華夷秩序のなかでは清の皇帝の臣下になってしまうのです。

朝鮮側の認識も日本側の認識もそれぞれ一定の根拠があるので、どちらが正しいとは言えません。

図表2-8　日清朝の皇帝・王の序列

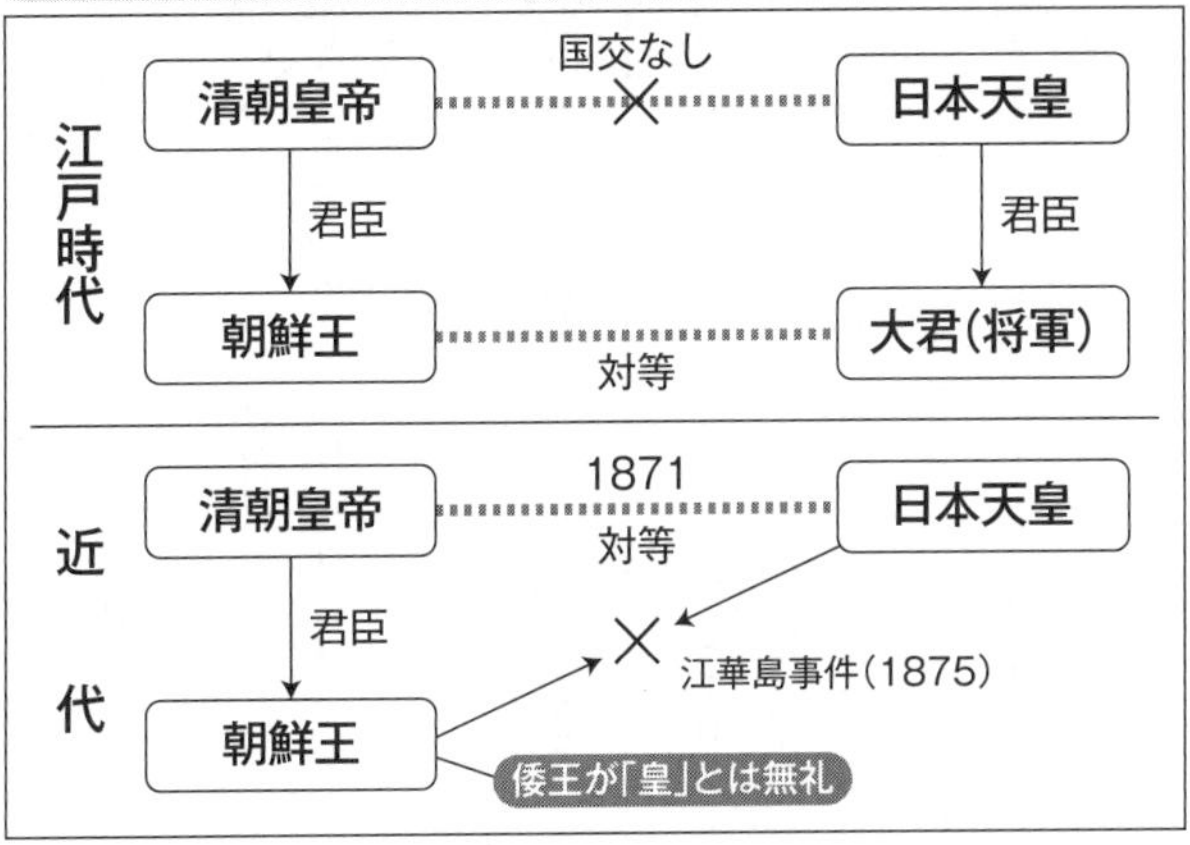

朝鮮のかたくなな態度は、明治新政府内で「征韓論」をめぐる権力闘争に発展します。西郷隆盛は軍事力を背景に朝鮮との国交交渉をすべきと主張しますが、欧州視察から戻った大久保利通らは内政重視を説いて却下します。西郷らの下野につながりますが、大久保政権も結局は朝鮮に軍艦を送ることになります。「征韓論」は明治政府の総意でした。

しかし、どちらが世界の流れに乗っていたかといえば、やはり日本側です。十七世紀以降の三十年戦争の結果、欧州諸国では主権国家間の主従関係を否定し、すべて対等であるという「ウェストファリア体制」に基づいて国際法が構築されていたからです。大きな国の皇帝だろうと、小さな国の王であろうと、肩書きにかかわらずあくまで同格だとする欧米流の国際法を明治日本はいち早く導入しましたが、朝鮮側はなかなか受け入れられなかったということなのです。

小中華を自認する朝鮮にとっては、「夷狄」の倭人が洋服を着て世界の道理を説いたところで、受け入れられるはずはありません。しかし、こうした朝鮮の対応のツケは、朝鮮自身にのしかかってきます。

入り乱れる朝鮮の権力抗争

外国船に砲撃する攘夷政策をとり、かりそめの「勝利」に喝采を送っていたのが、年少の国王・高宗《こうそう》の父親で摂政の大院君でした。

大院君は朱子学を信奉して非現実的な鎖国政策にこだわり、日本だけでなくすべての西欧勢力を「夷狄」と見なし、清朝の近代化政策すら見下していました。

高宗の妃を閔妃《びんひ》、閔妃の「実家」の一族を閔氏と呼びます。無力な国王を挟んで、直系尊属である摂政の大院君と、外戚である閔氏とが、すさまじい権力闘争を繰り広げます。

このとき閔氏は、アロー戦争後の清の惨状を考えれば一定の開国はやむなしと考えていました。そこで国王高宗の親政実現を名目として大院君を幽閉するクーデターを起こし、政権を奪取します。

この動きを見ていた日本は、開国を後押しするため、一八七五年、英国から購入したばかりの蒸気軍艦・雲揚号を派遣します。首都を流れる漢江が黄海に注ぐ軍事拠点の江華島に接近し、測量を名目として挑発的行為を始めた雲揚号は、朝鮮側から砲撃を受けました。これを江華島事件と呼びます。

雲揚号はすぐに応戦、たちまち江華島を占領し、開国と国交締結を迫りました。閔氏政権はこれを受け入れ、翌年結ばれたのが日朝修好条規です。このような「砲艦外交」は二十数年前に米国のペリー艦隊が江戸幕府を開国させたのと同じやり方でした。この辺の要領の良さがいかにも日本人です。

高宗

日朝修好条規の主な内容はこうでした。

・日朝は対等外交、朝鮮は自主独立の国家
・釜山に加え、さらに二港（元山、仁川）の開

港
・日本製品は無関税
・在留日本人に対する日本の領事裁判権

日朝修好条規は「日本による植民地化の始まり」と朝鮮側は主張しますが、当時、欧米列強がアジア各国に求めた内容と同等です。この条約が植民地化の端緒というのであれば、日米和親条約や安政の五カ国条約もすべて植民地化のためだったという解釈をしなければならなくなります。しかし、米国をはじめ日本を植民地にした国はありませんし、日本が米国の属国になった事実もありません。当時の徳川将軍と米国大統領は、あくまで対等な関係です。日本はむしろ朝鮮を対等な主権国家として条約を結んだのです。不平等だったのは、関税と領事裁判権に関する条項のみです。

大院君

朝鮮はこれを契機に清や欧米諸国とも同等の条約を結び、貿易を開始した結果、特に英国から大量の工業製品が流れ込み、逆に安価なコメが流出

図表2-9　朝鮮内部の対立

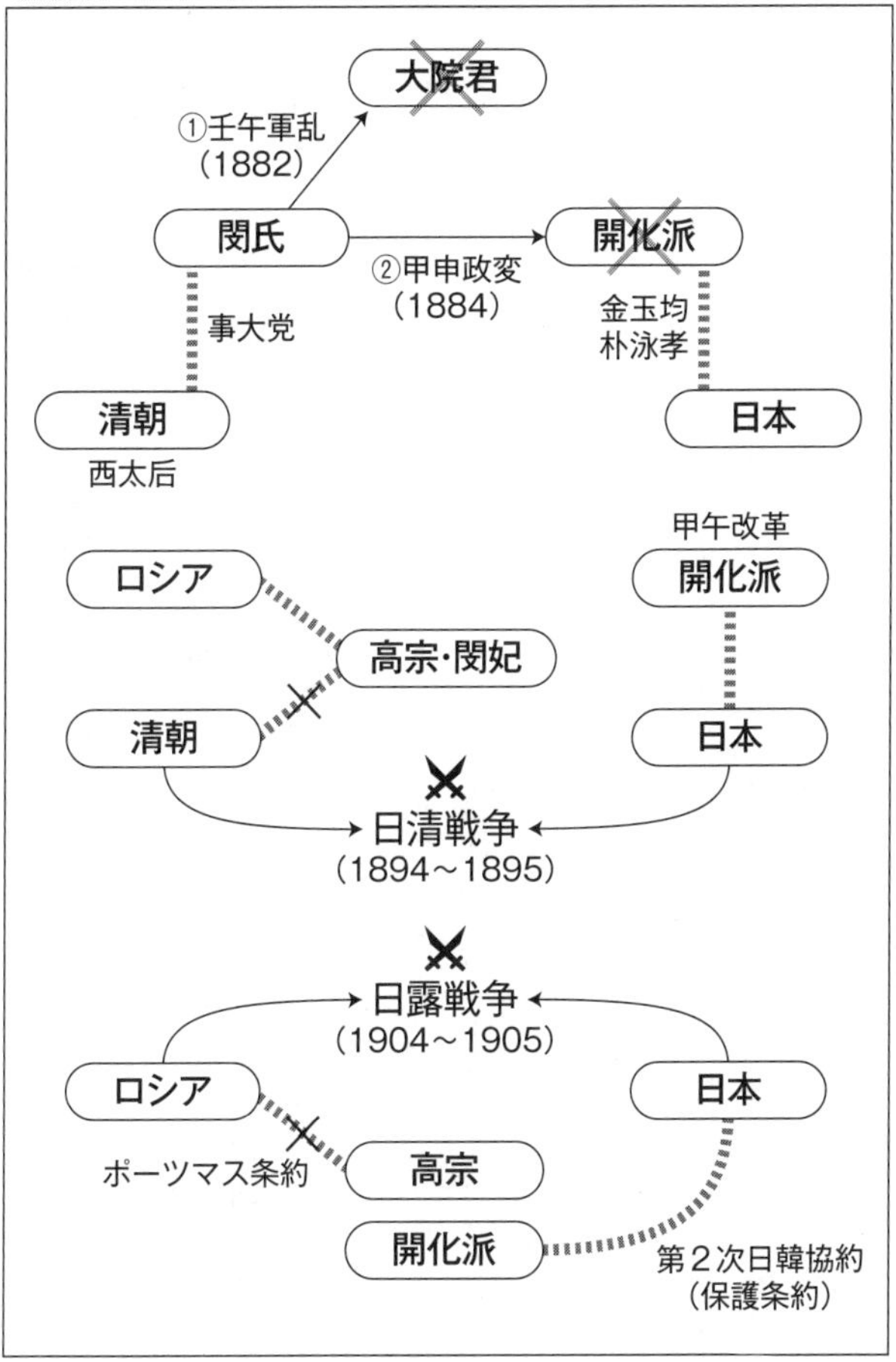

し始め、米価の高騰を招きます。

財政難となった閔氏政権が、俸給のコメを減らしたことを不服とした将兵が、大院君の復権を掲げてクーデターを起こします（壬午《じんご》軍乱、一八八二年）。閔妃は農村に逃れて北京に使いを送り、清に援軍を求めます。清の西太后は袁世凱が率いる三〇〇〇人規模の部隊を派遣して大院君一派を打倒し、再び閔氏政権を復活させました。これ以降、閔氏政権は清をバックに政権を維持したので「事大党」と呼ばれます。

これに対して日本型の近代化を模索する勢力が反発します。このグループを「開化派」と呼び、日本に留学生を送って文明開化と富国強兵政策を進めようとしました。この他にさらに、排斥された大院君のグループも存在していて、昔ながらの「小中華」思想を堅持していました。

少し混乱するかもしれませんので、整理しましょう。

開化派が画期的なのは、ヤンバン出身でありながら、それまで軽蔑していた日本に学ぼうとした点です。その中心人物である金玉均《きんぎょくきん》と朴泳孝《ぼくえいこう》は、日本との外交交渉のため東京に派遣され、明治日本の発展ぶりに驚きます。「日本＝夷狄」という古い考え方を捨てて実学重視の近代化を進め、日本に学び、清とも同盟してアジアの劣勢を挽回し、西欧列強、とりわけロシアの南下に備えなければならないという「大アジア主義」に共鳴したのです。ロシアの南下に備えるのが明治政府の外交の基本でしたから、朝鮮に開化派が出現したことは、歓迎すべきことでした。

金玉均と個人的な親交を持ったのが、慶應義塾創立者の福沢諭吉です。留学生を受け入れ、金銭的な援助も行いました。日本はまさに自由民権運動から大日本帝国憲法の制定、帝国議会開設と進んでいる時代です。自由民権運動の影響を受けた開化派は、新聞発刊などを通じて閔氏独裁を批判するようになり、朝鮮政府から弾圧を受け始めます。

追い詰められた開化派は、朝鮮にも明治維新のようなクーデターが必要だと考え、決起して閔妃一族を打倒し、日本の支援を受けて一挙に国政を改革しようと試みます。一八八四年の甲申《こうしん》政変です。

朝鮮に初めて近代的な郵便局が開庁する日に、そこに集まった閔氏政権の高官たちを襲撃し、王宮に侵入して高宗夫妻を確保し、クーデターは成功したかに見えました。しかし閔妃はソウル駐在の清国公使を通じて西太后に援軍を要請、再び袁世凱の部隊がソウルに急行し、高宗夫妻を奪還して開化派を弾圧。クーデターはわずか三日で打倒されたのです。日本はソウルの公使館を守るわずかな部隊しか置いておらず、清との衝突を回避して撤収しました。

金玉均と朴泳孝は逃亡に成功し、日本に亡命します。逃げ遅れた開化派のメンバーは処刑され、逃亡者には閔氏一派の放った追っ手が迫ってきます。金玉均は上海で朝鮮が放ったテロリストに撃ち殺され、遺体はバラバラに切断され、別々の場所でさらされます。

福沢はこれに深く衝撃を受け、自らが発刊していた『時事新報』に、論説「脱亜論」を掲載します。

金玉均

「われは心に於て亜細亜東方の悪友を謝絶するものなり」というフレーズで知られるこの論考は、大アジア主義者だった福沢の、思想的な大転換を告げるものであると同時に、その後の日本政府の対朝鮮外交にも大きな影響を与えました。「他のアジア諸国とともに近代化を図り、欧米に対抗しようとする努力はすべて無に帰した。今後も彼らと付き合えばむしろ欧米から同類と見なされ、日本の独立も危うい。よってアジア東方の悪友たちとは、絶縁しよう」と福沢は書きました。福沢の無念がうかがい知れる内容であるとともに、いかに当時の日本人が朝鮮の近代化を望んでいたかがわかります。

歴史にifはありませんが、もしもこのクーデターが成功し、開化派政権主導の近代化が加速していれば、その後の日本による併合も必要なく、朝鮮は自力で近代国家に生まれ変わっていたかもしれません。日本人、韓国人の相互認識や価値観、東アジアの勢力図もまったく別のものになっていたでしょう。

日清戦争後に〝棚ボタ〟独立

それから十年間、日本は富国強兵に邁進し、清と一戦を交えられる体制を整えました。この間、朝鮮の閔氏政権は、清の保護下で漫然と時を過ごし、国政改革も経済改革もまったく進まず、閔氏と結ぶヤンバンによる重税や賄賂の要求が続くなか、「東学」という新興宗教が農民に広まりました。朱子学に朝鮮の土着信仰がミックスしたもので、要するに日本人や西洋人を打ち払い、腐敗した閔氏政権を打倒すれば、理想社会が実現する、と説いたのです。

一八九四年の甲午農民戦争は、かつては「東学党の乱」という名前で教えられていました。

悪政を訴えた農民が逆に罰せられたことを機に大反乱が発生し、鎮圧に失敗した閔氏政権は、三たび清に援軍を求めます。

このとき日本はこれを座視せず、在朝鮮の居留民保護という名目で出兵します。反乱の鎮圧後も日清両軍は朝鮮に駐留を続け、対峙します。今後の朝鮮に日清どちらが影響力を確保するかという争いに発展し、ソウルを占領した日本軍が、高宗に清軍撤退の詔勅を出させ、これを拒否する清軍との武力衝突に発展しました。これが日清戦争（一八九四〜九五年）です。結果は日本軍の圧勝に終わりました。

下関条約の第一条で清は「朝鮮国が完全無欠なる独立自主の国であることを確認」します。これで「三田渡の屈辱」に始まった清と朝鮮の冊封、朝貢関係は完全に終わりを告げました。東京に亡命していた開化派のメンバーがソウルに戻り、新しい体制が打ち立てられました。このとき科挙とヤンバン制度が廃止され、奴隷制も廃止されます。残虐な拷問や裁判における縁座制も廃止されました。この一連の改革を甲午改革と呼びます。いわば、明治維新の朝鮮版です。

琉球王朝の首里城にある「守礼門」は、清の冊封使を琉球国王が出迎えて平伏した門です。ソウルの北にあった「迎恩門」も同じ意味を持っていました。開化派政権はこの「迎恩門」を破却し、同じ場所に新たに「独立門」を建てました。下関条約による清からの「独立」を祝い、パリの凱旋門を模して建てたものです。独立門はいまも健在ですが、いまや多くの韓国人はこの事実を学校教育で教えられず、日本からの解放と独立を記念した門だと誤解している人も少なくありません。教育の恐ろしさです。

三国干渉とチョークポイントをめぐる列強の動き

ここで少し日朝関係の話を離れ、日清戦争当時の東アジア、特に中国について地政学的な側面から解説しましょう。今後の戦争を理解する助けになるからです。

中国大陸を制するには首都・北京を制圧することが重要ですが、海を通って北京に迫る場合、遼東半島と山東半島に囲まれた渤海湾、そして天津《てんしん》港を押さえれば、北京は丸ハダカ同然になります。

英国・日本などのシーパワーは、このルートを通って中国大陸に侵攻しますが、ロシアはやや事情が異なります。ウラジオストクは不凍港ではありませんが、砕氷船のない時代には冬期の入港ができなかったので、不凍港を求めてさらに南下したいところです。そこで、ロシア領内からハルビン、長春を経て陸伝いで南下しやすい遼東半島を狙ったのです。渤海湾は氷結しません。

二百三高地の戦いで有名な旅順は、遼東半島の先端にある港で、山に囲まれていて守りやすい天然の要塞です。このポイントをロシアとロシアの仮想敵である日英両国が狙っています。反対側には山東半島があり、旅順と向かい合うのが威海衛《いかいえい》、さらにその南には青島《チンタオ》があります。

日清戦争後、ロシアは清の弱体ぶりと日本の遼東半島進出に驚き、いわゆる「三国干渉」を行います。「日本が下関条約で得た遼東半島を清へ返還せよ」という要求で、ロシア、フランス、ドイツの共同声明という形で出されました。日本は清を圧倒したとはいえ、三ヵ国に対抗できるほどの軍事力はなく、金銭と引き換えに遼東半島を清に返還しました。

この直後、ロシアが清に圧力をかけて同地を二十五年間租借（レンタル）し、ウラジオストクのロシア太平洋艦隊を旅順に移動させます。またシベリアから満州を経由して旅順に至る東清鉄道の敷設権も獲得、満州とモンゴルを勢力圏とします。勢力圏とは、経済的な権益を独占できる地域という意味です。フランスは広東省、ドイツは山東省を勢力圏とし、それぞれ軍港や鉄道利権を確保しました。

図表2-10　中国を狙う列強

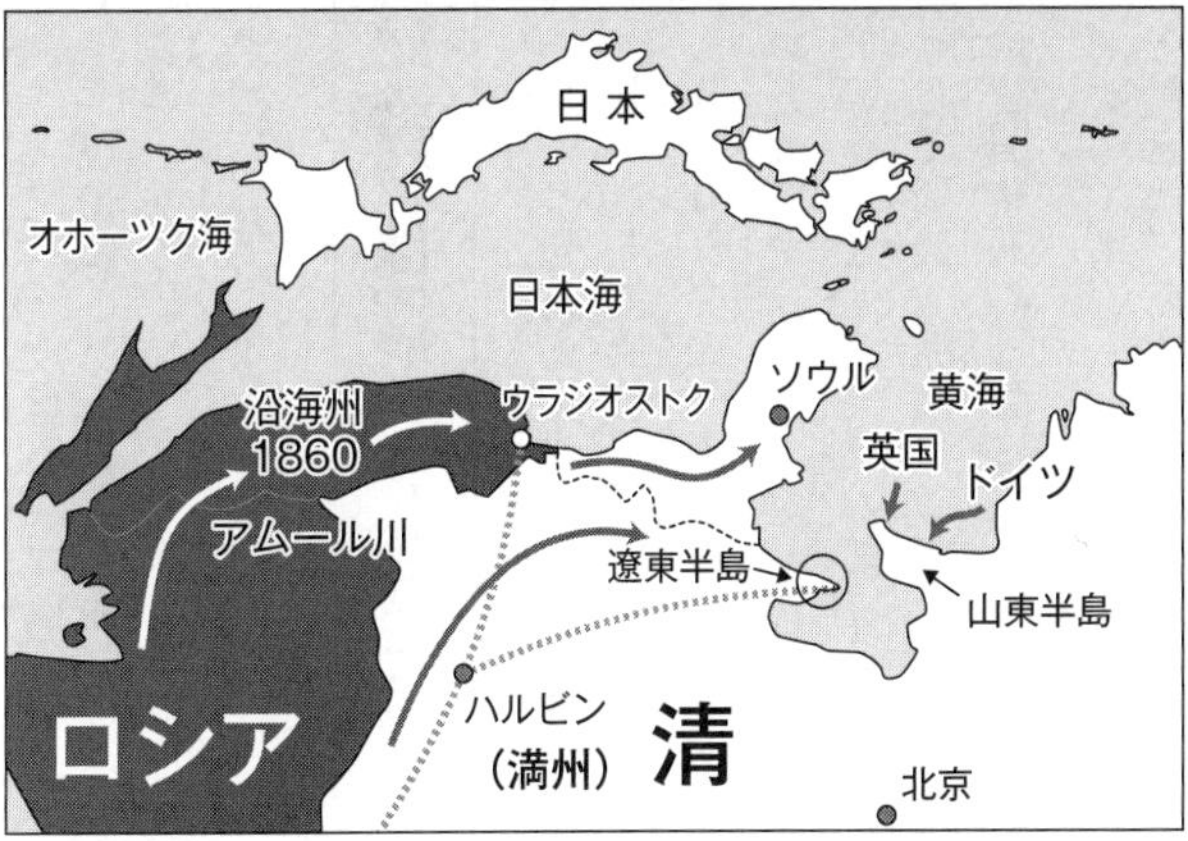

一方、ロシアとは地政学上、長年の対立関係にある英国は、ロシアが押さえた遼東半島とは海を挟んで反対側の山東半島の威海衛を租借し、ロシア海軍の動向ににらみを利《き》かせます。

ここで急にランドパワーのドイツが割り込んできた理由を考えてみましょう。ビスマルクを失脚させたドイツの皇帝《カイザー》ヴィルヘルム二世は、「3B政策」を掲げて中東進出をもくろんでいました。ロシアの南下政策とドイツの3B政策がぶつかるのがバルカン半島で、将来の対ロ戦争が想定されました。三国干渉にドイツが加わったのは、日ロ関係を悪化させて、ロシアの戦力をできるだけ極東に振り向けるように促し、バルカン半島での対立を緩和しようとしていたからです。国際政治が地政学で動いていることの典型例です。現在にこれを置き換えれば、日本がロシアとの領土交渉を有利に進めるためには、ウクライナやシリアでロシアが紛争を抱えている状態が、日本にとっては「好ましい」となります。

閔妃暗殺は「やりすぎ」だった

後ろ盾だった清が敗退し、甲午改革で特権を失った閔氏一派にとって、三国干渉はグッドニュースでした。日本は戦わずしてロシアの脅迫に屈したのですから、清の代わりにロシアに「事大する」ことができれば、朝鮮は再び日本に対抗できると気づいたからです。まさに「虎の威を借る狐」。このあたりの生き残り戦術は、朝鮮民族の得意とするところです。

こうして閔氏一派はロシア公使への接待攻勢をかけてロシア軍の引き入れに成功し、再び開化派の排除に乗り出します。意志薄弱な国王・高宗は付き従うだけでした。

この動きに、開化派や閔氏と対立する大院君だけでなく、日本も警戒感を抱きました。そもそも朝鮮に関わり始めた目的がロシアの南下抑制なのですから、これでは元も子もありません。こうした状況下で驚愕すべき事件が発生します。王宮内に侵入した武装勢力が、高宗の妃・閔妃を暗殺し、遺体を焼いてしまったのです。閔妃殺害事件、乙未《いつび》事変（一八九五年）とも呼ばれます。

実行部隊は開化派が組織した朝鮮人兵士でしたが、計画立案はソウル駐在日本公使の三浦梧楼《ごろう》（陸軍中将）、これに公使館警備の日本兵や日本の警察官、「大陸浪人」と呼ばれた民間人活動家も加わりました。

日本が主導したことは明らかにやりすぎで、今日に至るまで禍根を残しました。他国の王族を直接暗殺する行為は、もちろん国際法に違反します。閔妃を排除するにしても、その主体はあくまで朝鮮人の開化派でなければならず、日本は表に立ってはならなかったのです。もしも幕末に、アメリカ領事館の海兵隊が直接江戸城や二条城に殴り込んできて徳川将軍を射殺したらどうなるでしょうか。世論は激昂して、日本人は「反米」に凝り固まっていったでしょう。幕末の動乱は、裏に英国やフランスがいましたが、あくまで権力闘争を行ったのは日本人同士です。閔妃（死後、明成皇后と呼ばれる）は、現在も韓国において日本に暗殺された悲劇の王妃としてのイメージを強く残し、「反日」世論形成の要素となっています。

目前で閔妃を殺された高宗は身の危険を感じ、王宮を脱出してロシア公使館に逃げ込みます。一国の君主が外国公使にかくまわれるという異常事態。もはやこの国はロシアの保護国同然になってしまったのです。この意味でも、閔妃殺害は逆効果でした。

一八九七年、高宗は国号を「朝鮮」から「大韓帝国」（＝「韓国」）に改め、自ら皇帝に即位、独自の年号を使います。下関条約で清への冊封体制を断ち切ったことの表れですが、実態は後ろ盾が清からロシアに変わっただけにすぎません。

日露戦争勝利で「大韓帝国」成立

韓国皇帝の高宗からロシアは、軍の駐留だけでなく鉄道敷設や森林伐採などさまざまな権利を譲り受け、朝鮮半島への南下を進めます。日清戦争で返り咲いた開化派（親日派）は再び弾圧を受けます。

ロシアにとって最大の敵は、世界中で南下政策を妨害してきた英国でした。その英国は、アフリカの分割をめぐってフランスと対立し、ダイヤモンド鉱山が発見された南アフリカでは、オランダ系の入植者（ボーア人）との戦いに忙殺されていました。ロシアが極東進出を強めたのは、英国は極東に手を回す余裕がないと見越していたからです。

北京では外国人排斥運動（義和団）が蜂起し、各国公使館を襲撃していました。列強は義和団鎮圧のため共同出兵しますが、その主力となったロシアは、反乱の終息後も兵を退《ひ》かず、満州駐留を続けました。このまま満州と朝鮮を支配下に置こうという野心が見え見えでした。

そんなとき、「光栄ある孤立」を維持してきた英国が日本に、ロシアに対する軍事同盟を申し込みました。一九〇二年に日英同盟が締結され、アメリカとともに日本を後押しする政策に転換します。日英同盟条約は、日露交戦時に英国は「好意的中立」と定めています。つまり、経済援助・武器援助は行うが、英国軍は参戦しません。ボーア戦争で忙しいからです。

何もしなければ、日本の独立が危うくなる。英国から軍事的、財政的な後ろ盾だけでも得て、ロシアとの戦争を五分五分で食い止められればいい、たとえ朝鮮をロシアに取られても、日本本土を守れればよい、というのが、当時の桂太郎首相、小村寿太郎外相の苦渋の決断でした。

ところが一九〇四年に始まった日露戦争は、まず陸で日本軍が何とか勝利し、対馬沖での日本海海戦ではロシア・バルチック艦隊を壊滅し、ロシア国内での革命運動の激化により、日本優勢のまま、米大統領の仲介で終わります。一九〇五年に結ばれたポーツマス条約の第二条では、ロシアは日本が韓国を保護下に置くことを認め、日本は韓国の開化派政権との間で三次にわたる日韓協約を結びます。一九〇五年の第二次日韓協約ではソウルに統監府を置き、日本が韓国の外交権を掌握して保護国化します。このとき、初代統監として赴任したのが、元首相の伊藤博文でした。

高宗はこれに抵抗し、オランダで開催中のハーグ万国平和会議に密使を派遣、日本の行為は侵略だと訴えました（ハーグ密使事件）。しかし英国はマレー半島、フランスはインドシナ半島、アメリカはキューバを保護国化しており、そもそも韓国に外交権がないために門前払いされます。伊藤は協約を破った高宗に責任を取るよう迫ったところ、高宗は責任を取って退位したため、子の純宗を「皇帝」として即位させます。一九〇七年には第三次日韓協約で官僚の任免権も日本が握り、韓国軍隊も解散させます。

安重根の〝妄想〟で暗殺された伊藤博文

韓国軍の旧軍人のなかには、武器を返さずに反日ゲリラ活動を行う者も現れます。これを義兵運動と呼びますが、日本軍に制圧されるとその残党がテロリスト化し、メンバーの安重根《あんじゅうこん》は伊藤を付け狙いました。統監職を辞し、満州の利権をめぐるロシアとの交渉のためにハルビン駅に降り立った伊藤博文に向けて、安重根がピストルを発射。伊藤は殺害されます（一九〇九年）。

ただし、本当に安重根が伊藤を実際に「殺害」したのかどうか、他に真犯人がいたのではないか、と諸説あり、ロシアや日本国内の反伊藤勢力が絡んでいた可能性もあります。

安重根は日本の租借地旅順の刑務所に収監されます。後年死刑となりましたが、獄中で手記を残しています。その内容は、日本がロシアを打倒したことに朝鮮民族は拍手喝采だったこと、明治維新を成し遂げた日本と明治天皇を尊敬し、朝鮮は日本と協力して近代化し欧米列強に抵抗しなければならない、という意外なもので、実際は福沢諭吉の大アジア主義や、金玉均ら開化派の主張と変わらなかったのです。

そもそも伊藤の考えも、その後の朝鮮併合路線とは一線を画すものでした。明治維新の元勲であり、憲法制定を行い、議会と政党を育て、内閣総理大臣を歴任した伊藤はすでに高齢で、有力政治家は世代交代しつつありました。それでも初代統監を買って出たのは、伊藤が国際協調を優先する考えを持っていて、韓国併合や大陸進出にはやる勢力を抑えたかったからです。伊藤自身は、韓国が近代化を成し遂げ、ロシアを防ぐ軍事力を持った独立国として自立することを望み、それまでの間、日本が保護するという考え方でした。このことは、最近見つかった伊藤の手記からも明らかです。ロシアの脅威はひとまず去ったのですから、日本が半島から引くタイミングを見計らっていたのです。ところが安重根は、伊藤博文こそが韓国の独立を奪った元凶であり、伊藤を「除去」することが韓国独立への道だと思い込んでいたのです。

結果は逆効果でした。「穏健派」の伊藤が他界したことで、日本国内では、陸軍を中心とする対韓国強硬派の勢いが加速します。結局のところ安重根は、伊藤も、韓国の人々も、自分自身も望まなかった韓国併合をアシストしてしまったのです。

無知とは恐ろしいものですが、さらに恐ろしいのは、現在の韓国の歴史教科書でも、安重根の「伊藤元凶説」を史実とし、このテロリストを民族の英雄、「義士」

として賞賛する一方、日露戦争を賞賛した安重根の大アジア主義者としての顔は、なかったことにしているのです。

韓国併合でランドパワー化していく日本

韓国併合を地政学的に評価すれば、日本のランドパワー化は加速しました。日本は幕末の開国以来、シーパワーを目指しましたが、朝鮮近代化に関わり、朝鮮半島防衛のために陸で清やロシアと戦い、結局朝鮮を併合して満州へ……という流れは、ランドパワー化そのものです。軍事予算も陸軍の比重が大きくなり、陸軍軍人の政治的発言力も増していきます。日露戦争の結果、大連や軍港・旅順をはじめとするロシアの租借地（関東州）、そしてロシアが建設した長春〜旅順間の鉄道利権を譲渡され、これらを防備するために旅順を司令部とする関東軍を設置しました。「関東」とは北京から見て「万里の長城の東側」という意味で、遼東半島のことです。この関東軍が、のちに満州事変を引き起こし、日本を大陸へ、大陸へと引きずり込むのです。

この点がシーパワーの同盟国、英国とは対照的でした。英国は百年戦争で痛手を負って以来、大陸への深入りを徹底して避けてきました。どんなに海軍が強くても、自国の何倍もの広さの大陸で、何倍もの人口を統治することはできないからです。日本も英国の歴史と地政学を学んでいれば、一九四五年のあのような結末を迎えることはなかったでしょう。

英国と違って痛い経験がないからわからない、ということでもありません。日本史を振り返れば同じような失敗をしています。白村江の敗戦も、何も得ることのなかった秀吉の朝鮮侵攻も、歴史の教訓とすべきでした。

日本の進路変更には、明治維新で長州勢が活躍したことも影響しています。幕末から戊辰戦争にかけてはあくまで内戦ですから、主役は陸軍です。シーパワー的だった薩摩に対して長州は「陸軍国」で、明治時代にも「陸軍＝長州閥」「海軍＝薩摩閥」というすみ分けが続きました。維新後の日本に求められる軍事力はシーパワーとしての海軍力でした。しかし、山縣有朋、桂太郎が率いる陸軍閥は政府内での発言力を保ち、そのうえ清やロシアにも勝利してしまったために、「日本はランドパワー大国」と誤解し、陸軍がもっと活躍できる大陸へと戦線を広げていったのです。本来は日本に向かないランドパワー戦略を求めてドイツ地政学を学び始め、英米を敵とし、ドイツと同盟するという外交上の大失態をしてしまうのです。

韓国併合は植民地支配だったのか？

一九一〇年に韓国併合条約が結ばれ、日本は改めて朝鮮総督府を置き、内政も掌握します。純宗は退位し、李成桂の建国した朝鮮王朝は五百年以上の歴史を終えました。これ以降、一九四五年に日本が敗戦するまでの足掛け三十六年間、朝鮮半島は史上初めて中国以外の国の一部となります。大韓皇帝の退位により国号の「大韓帝国」も廃止され、「大日本帝国の朝鮮地方」になったのです。

第一次世界大戦の終わった翌年の一九一九年一月から開かれたパリ講和会議で米国大統領ウィルソンが提唱していた「民族自決」が、朝鮮においても適用できるのではないかという期待が高まります。かつての韓国皇帝高宗は再び密使をパリに派遣しようと画策しましたが、同月二十一日に急死します。

これを日本による毒殺とする噂が流れるなか、三月三日に国葬が行われるのを前に、宗教関係者たちが集まって独立宣言書を発表、これに呼応した数万の市民は「独立万歳」を叫ぶデモを起こし、やがて朝鮮全土へと広がります（三・一運動）。朝鮮総督府はこれを武力で鎮圧しますが、民族運動を抑えるため、それまでの「武断政治」すなわち軍政から、朝鮮人に一定の自治を認める文治政治へと転じます。朝鮮人の官吏への登用、鉄道や電力、水道などのインフラ整備、義務教育の普及に努め、かつてヤンバンが忌み嫌っていたハングルは飛躍的に普及し、識字率が向上します。総督府はハングル新聞の発行も認めました。いまも韓国の主要紙である『朝鮮日報』『東亜日報』などはこのとき発刊されたものです。

この時代を「日本による朝鮮半島の植民地支配」とする見方がありますが、併合と植民地化とは異なる概念です。植民地はただ支配されるだけで、その地域が宗主国の一部とはなりませんし、そこに住む人は宗主国の国民ではありません。一方併合は、その地域が本国の一地方となるわけです。英国はアイルランド、ロシアはポーランド、オーストリアはハンガリーを、米国はハワイを併合していました。その地の人々には本国の国籍を付与し、一定の選挙権も認めています。英国はインド人に、フランスはアルジェリア人に、それぞれ英国籍やフランス国籍、本国政治への参政権を認めていません。

時は大正デモクラシー。日本本土（内地）では普通選挙法（一九二五年）が施行され、帝国議会選挙、地方議会選挙の財産制限が撤廃されました。日本領朝鮮でもまず、地方議会制度が導入され、県議会に相当する道議会選挙には朝鮮人が立候補し、朝鮮人が投票しています。

ただし、朝鮮在住の日本国民は、日本人であれ、朝鮮人であれ、帝国議会選挙に参加することはできませんでした。逆に言えば、日本国籍の朝鮮人が内地に移住すれば、選挙権も被選挙権も認められ、ハングルでの投票も認められ、帝国議会には朝鮮人議員もいたということは、ほとんど知られていません。第二次世界大戦末期のカイロ宣言で連合国は「朝鮮人民の奴隷状態に留意し……」と書きましたが、参政権を持つ奴隷とは何の冗談でしょう。当時の米国は黒人や先住民の参政権を認めていません。彼らが参政権を得たのは、一九六四年制定の公民権法からです。

ランドパワー化した日本は一九三〇年代から大陸への進出を強め、満州事変から日中全面戦争へと突き進んでいきます。朝鮮ではこの時期から日本人化政策（皇民化政策）が進められました。学校での朝鮮語使用の禁止、日本式戸籍制度の普及（創氏改名）、神社参拝の強制などはこの時期からです。日米が開戦すると、労働力不足に対処するため国民徴用令を発布（一九四四年から朝鮮にも適用）し、朝鮮人労働者が日本本土の工場や鉱山などに動員されました。この時期における労働者の問題を、現在韓国では「強制連行」や「強制徴用」などと呼んでいます。同時に、いわゆる「従軍慰安婦問題」もこの時期の出来事です。これらはまさしく現在の日韓関係の懸案になっているため、日本のこれからを考える最終章で改めて詳しくお話ししましょう。

また、朝鮮では行われていなかった徴兵制も一九四四年から実施されました（志願兵の合計は約一万七〇〇〇人強）。しかしそれ以前に約八〇万人もの朝鮮人が志願して従軍していました。その多くが後年韓国軍の幹部となりました。代表的な例が、のちの韓国大統領・朴正熙《ぼくせいき》（パク・チョンヒ）で、満州国陸軍軍官学校を経て日本の陸軍士官学校で学んでいます。

なお、独立運動勢力の一部は海外に逃れました。一九一九年の三・一運動に触発されたグループは、国際都市上海で「大韓民国臨時政府」の樹立を宣言します。後の初代韓国大統領となる李承晩《りしょうばん》（イ・スンマン）が「初代大統領」でしたが、政府といっても亡命者の集まりにすぎず、お得意の内紛で自滅します。李承晩は米国で亡命生活を送り、日本を倒した米軍の力で祖国に戻れたのです。

最近の韓国では、李承晩の大韓民国建国（一九四八年）ではなく、「大韓民国臨時政府」樹立（一九一九年）を独立記念日にしようという動きがあります。こうすれば「大韓民国は大戦前から存在し、連合国の一員として、戦犯国日本を堂々と破った」と誇ることができるからです。現実を直視できない朱子学的ファンタジーここに極まれり、と評すべきです。

また、北側の満州国境からソ連に逃れ、沿海州方面でソ連極東軍にゲリラ戦の訓練を受けた金日成《キムイルソン》のグループがあります。彼らはソ連の朝鮮北部侵攻に伴って、北朝鮮を建国することになります。こちらも南に負けじと「朝鮮人民の力だけで、日本帝国主義を打倒した」と教育しています。

実際にはどちらの勢力も自力で日本を打倒するには無力で、一般民衆ともほとんど交流がありませんでした。

日本の敗戦と南北の分断

日本の敗戦間際、ソ連は日ソ中立条約を一方的に破棄して対日宣戦を布告し、満州や南樺太、そして朝鮮半島北部への侵攻を開始します。八月十五日以降も公然と続けられ、これもまた、「隙あらば南下する」というロシア人の行動パターンを示しています。日本は敗戦直前までソ連のスターリンを頼り、日米戦争の講和の仲介を期待していましたが、スターリンは対日参戦の準備が整うまでのらりくらりと回答を引き延ばしていました。米国が、国際法違反の原子爆弾の連続投下で日本の敗戦時期を早めたのは、このままではソ連の南下を食い止められなくなると考えたからです。実際スターリンは、帝政ロシアのように朝鮮半島全土を占領しようと考えていましたし、米国に対しては北海道の北半分の占領を要求して断られています。つまり、終戦後をにらんで、ランドパワーのソ連とシーパワーの米国が、崩壊寸前の大日本帝国をめぐって綱引きを始めていたわけです。

その後、朝鮮半島では、米ソの妥協の結果、北緯三八度を境に、南側を米国、北側をソ連が占領する分断状態となり、ランドパワーのソ連とシーパワーの米国が対峙する形となりました。もしも日本がもっと早く降伏していたら、おそらく朝鮮半島はすべて米国が占領していたでしょう。

一九四八年に双方の地域で大韓民国、朝鮮民主主義人民共和国（北朝鮮）が成立するまでの三年間は、米ソの軍政下ですさまじい権力闘争が繰り広げられました。

朝鮮総督府はポツダム宣言の受諾を前に、かつて大韓民国臨時政府にも参加していた独立運動家、呂運亨《ろうんきょう》（ヨ・ウニョン）とスムーズな行政権の移行を協議します。当時すでに朝鮮総督府の官吏は朝鮮人が多数を占めていたのに対し、いざ敗戦となれば朝鮮半島在住、あるいは満州方面からの日本人が安全に引き揚げなければならないからです。こうしてポツダム宣言の受諾後、ただちに朝鮮建国準備委員会が組織され、日本の正式降伏後、呂運亨が「朝鮮人民共和国」の建国を宣言します。しかし米ソ両国は呂運亨を「親日派」として認めず、米国にもソ連にも認められない呂は失脚し、米ソがそれぞれの地域で軍政を開始したのです。

再び始まる残酷な権力闘争

新しい時代の始まりは、権力闘争（朝鮮伝統の党争）の復活でもありました。そこに、自由主義陣営と共産主義陣営の対立構図も加わり、混乱と凄惨を極めます。

南側では、呂運亨など日本統治時代に朝鮮半島にいた運動家、金九《キムグ》など大韓民国臨時政府として中国大陸にいた運動家、逮捕されていて釈放された共産主義者など、さまざまな勢力がありました。そのなかで権力を掌握したのは、米国をバックにつけた李承晩でした。上海臨時政府の初代大統領に就いたものの権力闘争に敗れて再び米国に渡った李承晩は、ハーバード大学やプリンストン大学で学び、米国内で独立のためのロビー運動をしていたので、米国には使い勝手のいい人物でした。クリスチャンであり、かつはっきりとした反共主義者であったことも評価されていました。

呂運亨、金九は李承晩と対立し、いずれも暗殺されます。李承晩が南北統一選挙を拒否したことに対し、北朝鮮の労働党とつながる南朝鮮労働党が各地で蜂起を呼びかけると、李承晩は反対勢力を「共産主義者」と呼び、民兵隊によるテロなども用いて駆逐していきます。もっとも凄惨な事件は、済州島《チエジユ》で起こりました。済州島はもともと流刑地で、反体制的な気風の強い地域でした。南朝鮮労働党の残党の主導で済州島の島民が武装蜂起したとして、李承晩が送り込んだ武装集団が、島民もろとも虐殺したのです。これが一九四八年の四・三事件で、済州島出身の監督により映画化されました（『チスル』）。

この弾圧は大韓民国政府の樹立後も続き、朝鮮戦争後は凄惨を極め、最終的に数万の島民が殺害されたほか、まだ国境警備や入国管理の体制が粗かった日本へ大量の密航者が押し寄せました。いわゆる「アカ狩り」を名目とした虐殺事件は、このほかにも多数知られています。

終戦時、日本国内の朝鮮人は、自らの意思で渡ってきた者も、徴用令により動員された者も、希望すれば朝鮮半島に戻ることができました。それにもかかわらず、日本国内に大量の在日コリアンが存在したままだったのは、南側での政情が不安定で戻れなかったからか、事実上の難民として密航してきたからです。このため、特に関西の在日コリアンには、済州島出身者が多いのです。

一方、北側でも中共系、ソ連系、国内系など出自はさまざまでしたが、これらは一九五〇年代後半から六〇年代にかけて金日成《キムイルソン》派（ソ連の指導を受けたグループ）による粛清が続き、七〇年代までには金日成への個人崇拝体制を確立します。

こうした苛烈な権力闘争は、形を変えて現在も続いていると見ることができます。韓国では、政権が変わるたびに前政権の腐敗や汚職が暴露され、マスコミや公権力を使った反対勢力への徹底的な攻撃が繰り返されます。前大統領が逮捕されたり、亡命や自殺に追い込まれたりする事例も多々あります。朴槿恵《パククネ》大統領を弾劾し、文在寅《ムンジェイン》政権を誕生させた自称「進歩派」（実態は「親北派」）は、李承晩の建国した韓国の歴史に否定的で、自分たちを「アカ」と呼んで弾圧してきた「保守派」「親米派」を糾弾しています。長い目で見ればこうした「党争」は、強烈な「ウリ」（内）・「ナム」（外）の意識を引きずったまま、地域間、政党間、労使間など多様な構図のなかで、今後も終わることなく続いていくと見るべきでしょう。

金日成

朝鮮戦争と国際法違反の竹島占拠

朝鮮戦争は、冷戦初期に実際の戦闘を伴った「熱戦」として知られています。しかし米国はマッカーサーの日本占領改革、ソ連は中国での国共内戦で手一杯で、米ソとも朝鮮半島に対する関心はさほど高くありませんでした。米ソは日本の敗戦後に五年間占領してから撤収し、その後は民族自決の原則のもと民主主義的手続きで朝鮮を独立させればいいと考えていたのです。

米国側の防衛線、いわゆる「アチソン・ライン」に朝鮮半島が含まれていなかったのはその表れでしたが、韓国の混乱ぶりを見て統一を急ぐ金日成に、「米国介入せず」という青信号を見せる結果になりました。結果論を言うならもう少しじっくり構えながら米ソの撤退を待ったほうが、南北統一の可能性は高かったでしょう。当時は、日本が残した電力や重工業のインフラが多数残されていた北朝鮮のほうが豊かでした。その経済力をバックに南側にうまくスパイを浸透させ、最終的には選挙によって民主的に南北統一を選ばせたほうが、数百万人の人命が失われるような人的被害はなかったでしょうし、分断状態がこんなに長く固定化することもなかったでしょう。

金日成はソ連のスターリンに支援を要請しますが、ドイツ占領問題、特にベルリン問題で米国と厳しく対立していたスターリンは、二正面作戦になることを恐れて、参戦を拒否しました。それでも金日成は諦めず、北朝鮮単独で韓国侵攻を実行したのです。

一九五〇年六月二十五日、まったく無警戒の韓国側に対し、三八度線の全域で奇襲攻撃を開始した北朝鮮軍は、三日で首都ソウルを占領し、李承晩は釜山《プサン》へ逃げ出しました。緒戦はソ連の支援を受けた北朝鮮が圧倒的優勢で、二ヵ月で韓国の大部分を制圧、韓国政府が臨時首都とした釜山にも迫ります。米国があわてて参戦するのはこのときです。五年前に成立したばかりの国連安保理は、対米戦争を避けたいソ連が欠席するなかで「国連軍」(実態は多国籍軍)の派遣を決議し、トルーマン大統領は最高司令官にマッカーサーを指名します。国連旗を掲げたマッカーサーは韓国軍の指揮権も奪い、九月に黄海側の仁川に上陸しました。

北朝鮮軍は補給線が伸びきっていたところを分断されて総崩れとなり、ソウルに続いて平壌も奪われて中朝国境に敗走します。李承晩は「北進統一」をマッカーサーに主張し、認められます。

ソ連は相変わらず動かず、米軍の北上を恐れた中華人民共和国の毛沢東は、「人民義勇軍」（民兵）という名目で正規軍を投入し、北朝鮮を支えました。これ以降、朝鮮戦争は事実上、米中戦争となったのです。中国軍の圧倒的兵力で戦線は再び南下し、両軍がソウルを奪い合って灰燼に帰させ、結局はもとの三八度線を挟んで膠着状態に入ります。

朝鮮戦争の勃発により、米国は対日政策を大転換しました。「日本の非武装化」をやめ、日本を兵站《へいたん》基地とし、日本との早期講和によって日本の再軍備を認め、日米同盟を結んで米軍の駐留を続ける道を選んだのです。

朝鮮戦争の休戦協定前、マッカーサーは日本に組織させた警察予備隊を韓国に派遣することを李承晩に打診しました。すると反日主義者の李承晩は、「もしもそのようなことがあれば、韓国軍は北朝鮮軍とただちに講和して日本と戦う」と回答して、マッカーサーを啞然とさせます。

一九五一年、米国を中心とする連合国は、サンフランシスコ講和会議で日本と講和します。サンフランシスコに乗り込んだ吉田茂首相は、同日に日米安保条約にも調印し、米軍の日本駐留継続を受け入れました。

李承晩大統領は、サンフランシスコ講和会議に「戦勝国」韓国の参加と、対馬の割譲を要求しましたが、米国に一蹴されてしまいます。しかし、サンフランシスコ平和条約の発効（日本の主権回復）が目前となった翌五二年、日本海の無人島・竹島（韓国名は独島《ドクト》）を占領し、同島を含む「李承晩ライン」を一方的に宣言して韓国の「海洋主権」を主張し、現在に至るまで実効支配を続けています。

韓国の警備艇は、竹島周辺で操業している日本漁船を三〇〇隻以上拿捕《だほ》し、四〇〇〇人以上の乗組員を抑留しました。韓国警備艇の発砲や収容所での劣悪な環境により、四〇人以上の日本人漁師が命を落としています。これは明白な国際法違反ですが、日本は主権回復の前で自衛隊もなかったため、なすすべがありませんでした。憲法九条はあったのですが、口で平和を唱えても、韓国の軍事行動を止めることはできなかったのです。北朝鮮に対抗するため日韓の対立を望まない米国は、見て見ぬふりでした。

分断の固定化と日韓基本条約

朝鮮戦争は一九五三年に板門店《パンムンジョム》で休戦協定が締結され、韓国側には何度も焼き払われた国土だけが残りました。北朝鮮では「米国帝国主義者を撃退した」という

「誇らしい歴史」だけが記録されました。米国としても「韓国を守った」以外に何も得るものがなかった戦争でした。以降の韓国復興は、できるだけ日本に負担させようとします。

休戦後の経済危機のなか、独裁政権と化した李承晩に対する不満が高まり、一九六〇年には大統領選挙の不正をめぐって学生デモが大統領官邸を包囲します。米国にも見放されて下野した李承晩は、これが最後となる米国への亡命を行います。大統領の権限を儀礼的なものに制限するための憲法改正が行われ、日本や英国型の議院内閣制の新政権が成立しましたが、政治的な混乱で国会は空転し、経済的な危機が続きます。一九六一年にクーデターを起こしてこの状態を破ったのが、日本陸軍の出身で韓国陸軍少将の朴正熙《パクチヨンヒ》でした。

朴正熙政権の課題は、再度の南北対決に備える軍事力の確保とともに、経済を成長させることでした。こうしたなか、米国からは軍事的援助、日本からは経済的援助を期待しました。一九六三年に正式に大統領となった朴正熙は、竹島問題はいったん棚上げし、国内の反対を押し切って、六五年に日本の佐藤栄作内閣との間で日韓基本条約と、これに付随する日韓請求権協定を締結します。

その内容は、以下のとおりです。

・日本は韓国を朝鮮半島の唯一の合法政府と認める
・韓国併合条約など戦前の諸条約の無効を確認
・経済援助（無償三億ドル、借款二億ドルなど）を行う
・両国および両国民間で、「請求権」の問題は完全かつ最終的に解決

米国のジョンソン政権は、同年から本格的に軍事介入するベトナム戦争に忙殺されており、日韓の早期和解を促しました。朴正熙政権は同年からベトナム戦争に韓国軍を派兵し、南ベトナムのゲリラと交戦しました。ゲリラ掃討戦のなかで、韓国兵が一般のベトナム人を無差別殺傷し、ベトナム人女性への性的暴行を繰り返した結果、多数の混血児（ライダイハン）を残したことは、「日本軍慰安婦問題」との関係で、韓国にとっては触れてほしくない現代史の暗部となっています。

朴正熙

この間、朴正熙政権は日本から得た巨額の資金を基にインフラ整備を進め、高い経済成長を実現

します。「漢江《ハンガン》の奇跡」と呼ばれる開発独裁の成功例で、一九七〇年代には国力で北朝鮮を上回りました。反面、生活レベルの向上は、一般国民に政治参加への意欲と、独裁への反感を強めさせる効果をもたらしました。

こうしたなか、一九七二年の米国大統領ニクソンの訪中で劇的な米中国交回復が行われ、南ベトナムの放棄が決定されたことは、韓国に衝撃を与えました。同年に北朝鮮では、金日成が国家主席となり、終身独裁権力を確立します。

危機的状況のなかで朴正煕は、憲法を改正して事実上の終身独裁が可能な「維新体制」を施行し、情報機関（ＫＣＩＡ）の強化、野党の大物指導者・金大中《キムデジュン》の東京における拉致など、米国のコントロールから逸脱した行動をとるようになります。韓国独自の核開発を進めていた疑惑もあります。

結局朴正煕は、米国から見捨てられました。自ら創設したＫＣＩＡの長官に、宴席で射殺されたのです。これには米国のＣＩＡが関与していたという説もあります。

冷戦の終結と民主化は何を起こしたか

「ソウルの春」と呼ばれた短い民主化の時期を経て、再び軍事クーデターが起こり、全斗煥《チョンドゥファン》、盧泰愚《ノテウ》と軍事政権が続きます。

全斗煥軍事政権が反政府運動を武力で制圧した光州事件（一九八〇年）に代表されるように、軍事政権は民主化を主張する野党勢力を問答無用で弾圧しました。ここにはもう一つの対立構造が隠されています。朴正熙、全斗煥、盧泰愚はいずれも日本海側の慶尚《けいしょう》道出身なのに対し、反軍政の野党、民主化勢力は、金大中に代表されるように黄海側の全羅《ぜんら》道出身者が多いのです。慶尚道はかつての新羅、全羅道は百済の地で、千年に及ぶ地域対立があるのです。軍事政権時代、全羅道は人事でもインフラ整備でも後回しにされ、不満がたまっていました。地域対立というのは、日本でも戊辰戦争のとき、新政府を主導した薩摩・長州と、最後まで幕府を支えた東北地方との情緒的対立がありますが、韓国の場合はこれにイデオロギーが結びついているのが朱子学的なのです。

どうにか先進国入りした韓国は、盧泰愚政権がソウルオリンピック（一九八八年）を誘致してその経済的成功を誇示し、ついに盧泰愚大統領は民主化宣言（一九八七年）を行って民政移管するとともに、中ソとも国交を結んで北朝鮮を孤立させます。ソ連は崩壊寸前のゴルバチョフ政権、中国は「改革開放」に転じた鄧小平《とうしょうへい》政権のときでした。このとき韓国には「時の利」がありました。

冷戦は西側の勝利で終結し、ソ連が崩壊するなか、韓国と同時に一九九一年に国連に加盟した北朝鮮は計画経済の失敗から食料危機を迎え、金日成主席が指導する労働党政権の権威が揺らいでいました。後継者に指名された金正日《キムジョンイル》は日本人拉致事件や大韓航空機爆破事件、テロ行為を行って韓国を揺さぶり、一九九二年ごろから核開発、弾道ミサイル開発を開始し、翌年には核拡散防止条約（ＮＰＴ）からの脱退を宣言します。

反面、韓国は経済成長を続けていましたが、アジア通貨危機（一九九七年）の影響を受けて外資が流出し、通貨ウォンは暴落、国際通貨基金（ＩＭＦ）に援助を求め、構造改革と緊縮財政を余儀なくされます。経済においては財閥の整理統合が進み、外資に買われて生き残ったサムスン、ヒュンダイなどの財閥は巨大化し、結果として貧富の差は拡大します。

ちょうどこの年は大統領選挙に当たり、経済危機は親北野党に味方しました。金大中が初めて全羅道出身者として大統領に就任したのです。韓国大統領として初めて平壌入りした金大中は、金正日《キムジョンイル》と南北首脳会談を行い、北朝鮮に融和的な「太陽政策」を取り始めます。これが結果的に北の核・ミサイル開発を助けることになりました。

金大中と次の盧武鉉《ノムヒョン》政権下で、韓国の米国離れが明確になりました。しかもこの流れは、親米派が政権を奪還した李明博《イミョンバク》、朴槿恵政権でもあまり変わることはなく、改革開放で急成長していた中国への傾倒が顕著になります。その裏返しとして、特に盧武鉉政権の時代から日本に対して「歴史問題」が急浮上しました。棚上げしていた竹島問題を主張し始め、いわゆる「従軍慰安婦問題」では謝罪と補償を要求し、新たに「徴用工」問題でもこれまでの日韓合意をすべて無視するかのような行動を取り続けています。

朴槿恵政権が知人の国政介入で初の弾劾罷免を受け、再び親北派の文在寅が政権を奪回すると、米韓関係・日韓関係ともに過去最悪の状況になっています。

こうした動きも地政学の枠組みで考えてみれば、二千年間もランドパワー中華帝国の冊封国だった半島国家が、シーパワーの米国・日本とは安定した関係を続けられるはずもなく、新たな米中対立という構図のなかで、再び本来の位置に戻っただけ、ということになるのです。

駆け足で朝鮮半島を中心とした東アジアの歴史を振り返ってきましたが、一貫しているのは、常に周辺の大国に翻弄されてきた半島国家の過酷さであり、それでも強者にすり寄って生きてきたしたたかさ、異民族支配の下で形成されてきた強烈な

図表2-11　韓国内部の地域対立

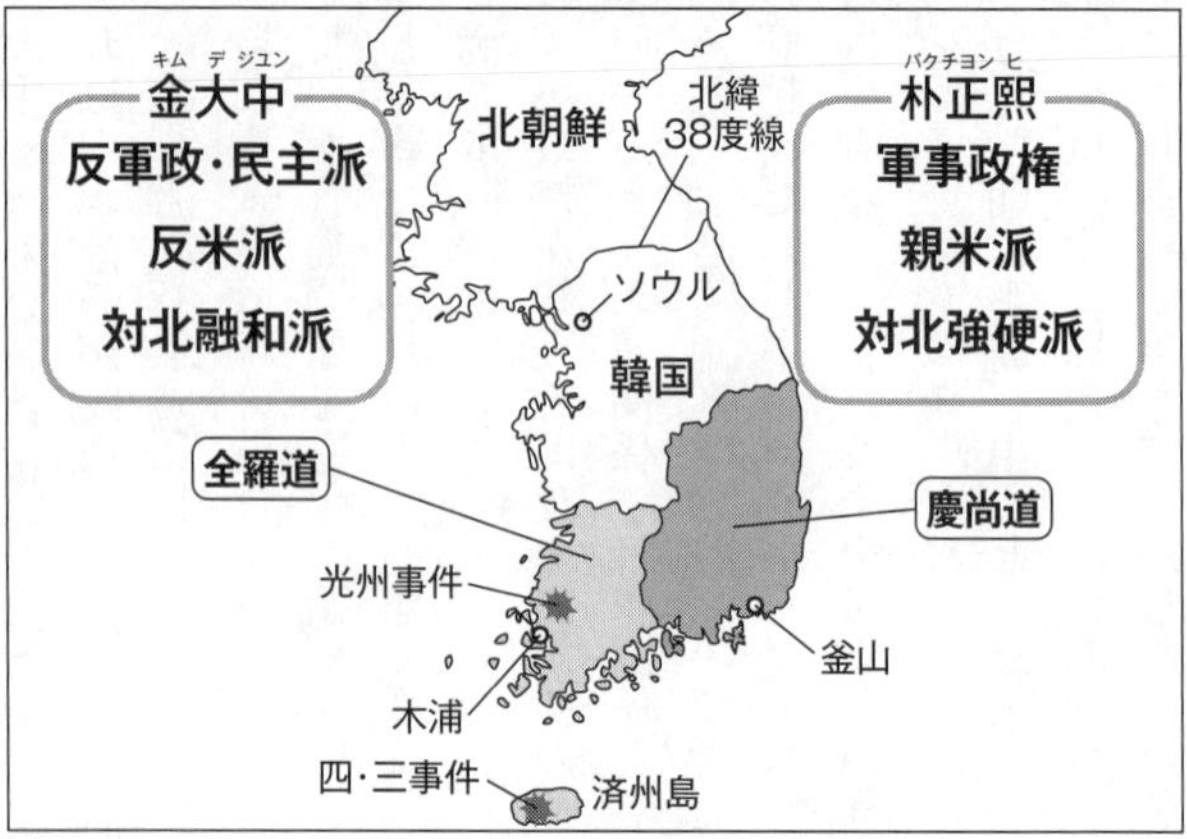

自己主張と優劣意識、和を尊ぶ島国の人間とは明らかに異なったモノの見方です。

一度は列強の草刈り場と化した中国が再び強国になり、米国に迫る超大国への道をうかがういま、朝鮮半島の二つの国家は隣の超大国の影響を受けないわけにはいきません。

ここからは、東アジアのプレーヤーごとに章を分け、歴史や地政学を武器として、各国の現状と今後取り得る戦略を、個別に見ていくことにしましょう。

コラム

「慰安婦問題」

当時の公娼制度のもと、売春は貧困家庭に育った女性でも高給を稼げる「職業」だった。兵士による一般女性への性暴力を防止するため、「プロの女性」が活躍した。日本軍はドイツ軍に倣《なら》って慰安所を設置し、慰安婦の性病予防のため避妊具の支給まで管理した。慰安婦の八割が朝鮮半島の出身で、手取りで月に一五〇〇円ほど稼いだ。サラリーマンの月収が一〇〇円、兵士の手当てが月に一〇円だった時代である。

敗戦後、共産党員で作家の吉田清治が「戦時中、済州島で慰安婦狩りを行った」と証言し、朝日新聞がこれを繰り返し報道した。この結果、韓国で「日本軍による慰安婦の強制連行」が史実として教えられ、元慰安婦が日本政府を提訴した。一九九二年に訪韓した宮沢喜一首相は、事実関係を確認せぬまま謝罪を繰り返し、河野洋平官房長官が「日本軍の関与」を認める記者会見を行った。これ以来、「慰安婦問題」が日韓で政治問題化し、韓国にとって「歴史カード」となった。

吉田清治は後に「慰安婦狩りはフィクション」と認め、朝日新聞も誤報を謝罪した。安倍政権は朴槿恵政権と「慰安婦合意」を結び、日本は「見舞金」一〇億円を慰安婦支援団体に支払い、この問題を「完全かつ不可逆的に」終わらせた。ところが文在寅政権はこの日韓合意を覆し、団体を解散して日本に再び謝罪を要求している。

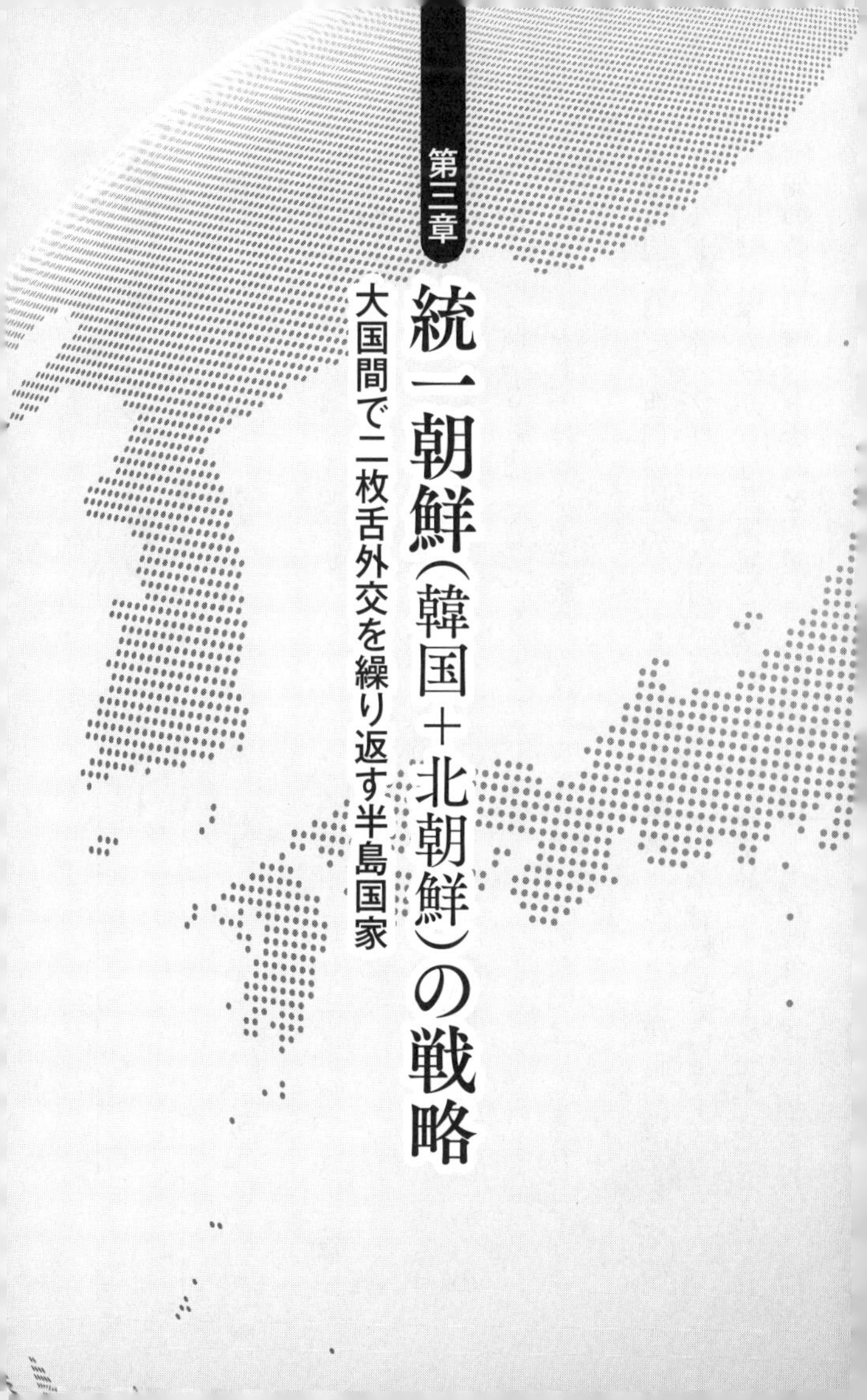

第三章

統一朝鮮(韓国+北朝鮮)の戦略

大国間で二枚舌外交を繰り返す半島国家

韓国は東アジアの〝アン・バランサー〟

早ければ二〇二五年、朝鮮半島は再び「統一国家」になるというのが私の見立てです。

各プレーヤーの戦略を見ていくうえで、まずは現在の韓国と北朝鮮、そして統一朝鮮がどのような戦略を取り得るのか、そこから始めましょう。

「統一朝鮮の出現」という結論を突飛に思う方も多いでしょう。そこで、ひとまず冷戦終結前と、現在の東アジアを取り巻く勢力がどのような関係になっているのか、模式図（図表3－1）で見ていくことにします。

冷戦時代、とりわけベトナム戦争の終結まで、アジアの構図ははっきりしていました。

超大国として、西側の盟主かつシーパワーの王者・米国と、東側の盟主かつランドパワーの王者・ソヴィエト連邦（共産主義ロシア）が対峙しています。

米国は日本のほか、分断国家となっている朝鮮半島、インドシナ半島でそれぞれ南側の韓国、南ベトナムを支援し、朝鮮戦争、ベトナム戦争に派兵しました。

図表3-1　冷戦期のアジア、21世紀のアジア

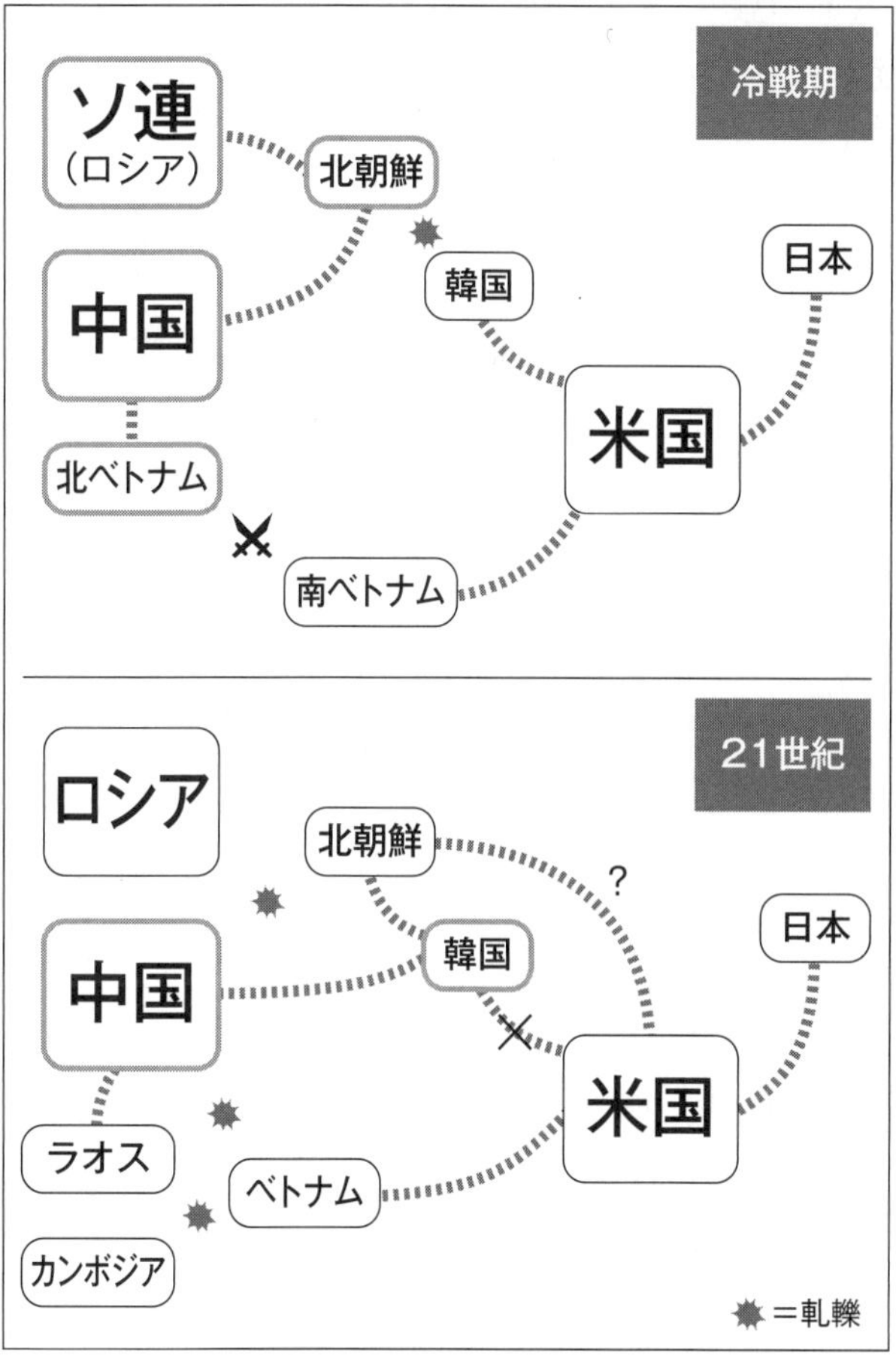

他方、ソ連は北朝鮮と北ベトナムを支援しましたが、米国と直接戦火を交えることをためらい、長い国境を接するランドパワーの中国とは微妙な関係でした。ただし中国はまだ発展途上国であり、対米関係についてソ連とは論争しつつも、共に北ベトナムや北朝鮮を積極的に支援していました。

一九七〇年代に、この構図が激変します。ベトナム戦争の失敗で、米国が中国封じ込めを断念し、中ソを離間させて中国を抱き込む方針に転換したのです。ニクソン大統領の訪中（一九七二年）を毛沢東が大歓迎し、米中関係は劇的に改善しました。鄧小平《とうしょうへい》はソ連型計画経済から米国型市場経済（改革開放）へと中国経済をシフトさせ、飛躍的な発展を見せました。計画経済にしがみつくソ連は国力を消耗し、冷戦の終結（一九八九年）と、ソ連の崩壊（一九九一年）を招きました。

一九九〇年代、新生ロシアは財政破綻状態にあり、中国は共産主義体制を保ったまま米国企業に市場を開放していましたから、「米国の一人勝ち」のように見えました。ところが二〇一〇年代に入ると、中国の習近平政権は豊富な資金を軍事増強に注ぎ込み、米国に代わって南シナ海や東シナ海の覇権を握ろうという野心をあらわにします。ロシアは強権的なプーチン政権のもとで、エネルギー資源の輸出をテコに国力を回復、ウクライナやシリアに影響力を拡大しつつあります。中国はロシアにとって資源や武器を買ってくれる顧客なので、冷戦期のような中ロ対立は表面化していません。

米国と日本の関係は、冷戦終結後の一九九〇年代は冷え切っていました。日米安保体制の重要性が薄れ、中国市場をめぐって日米はライバル関係だったからです。しかし二〇一〇年代に中国の軍事的脅威が高まるとともに米国の危機感も高まり、再び日米同盟の重要性が増しています。しかし、リーマンショック後の米国は「世界の警察官」であることに疲れ果て、一国主義への回帰が強まっています。

機を見るに敏な朝鮮半島では、中国の経済成長に伴って微妙な変化が起きました。韓国では、米国の衰退に伴って朴槿恵《パククネ》政権を支えた親米派が勢力を失い、文在寅《ムンジェイン》政権を生み出した親北朝鮮派が世論の支持を背景に権力を掌握し、半島統一を最終的な目標に据えて北への経済支援を始めました。貿易相手としての重要性は米国よりむしろ中国のほうが高くなり、中国との距離を近づけつつ、米国とは微妙な距離を保つ政策を取って「北東アジアのバランサー」を自認します。これは朝鮮戦争で支援してもらった米国への裏切り行為、米韓同盟の空文化であり、米国は韓国への不快感を隠そうとしません。文在寅政権は韓国歴代政権のなかでもっとも北との統一を志向している特異な政権です。もはや米韓関係も日韓関係も、「ボタンの掛け違い」を通り越して、根本的に考え直さざるを得ないような事態になりつつあります。

「南北統一など夢のまた夢」に見えますが、実際はその反対なのです。文政権が北に肩入れするのは、歴史的、そして地政学的な背景から理由を読み解くことができるのです。深読みすれば、文在寅はわざと事態を混乱に陥れようとしているのではないかとも受け取れます。多くの日本人の目には、こうした状況は危険かつ非現実的に映りますが、韓国世論がこれを強く支持しているのです。

北朝鮮はこのような韓国側の変化をうまく利用しつつ、中国ともロシアとも微妙な距離感を保った関係を続けます。一般に「北朝鮮の後ろ盾は中国」と理解されていますが、事はそう単純ではありません。情勢分析と交渉術で生き延びてきた北朝鮮では、過去二千年の中華帝国との歴史も踏まえ、「歴史的にわれわれをもっとも苦しめたのが中国」「中国に利用されてはならない」（金正日《キムジョンイル》の遺訓）という教えが、キム家三代の最高指導者の間で受け継がれています。これについては後で詳しく述べましょう。

すでに一九七〇年代に、北の主導で南北統一されたベトナムは、統一の直後から中国との関係が険悪となり、カンボジアを巻き込んだ勢力争いから中越戦争を戦い、国内から親中派の追い出しに成功します。ベトナム共産党政権は、南シナ海問題でも中国と対立し、かつての敵国・米国に急接近しているのです。米国から見れば、ベトナムを中国封じ込めに使えるのであれば、一党独裁政権のままでも一向に構わない、ということです。

地政学で韓国リベラル政権の意図が見える

二〇一九年、トランプと金正恩《キムジョンウン》との史上二回目の米朝首脳会談は、ベトナムのハノイで開かれました。ベトナムが選ばれた理由は象徴的です。米国は北朝鮮に対し、今後の交渉次第では、ある程度体制を維持したまま経済発展が実現できることに加え、かつての「敵国」の関係を超えて「対中国」で共闘できる可能性を示したのです。金正恩もベトナムに北朝鮮を準《なぞら》えることで、自分を「高く売る」ための算段をしていたのでしょう。ハノイ会談では北が隠していた核開発基地の存在を突きつけ、すべての核・ミサイル施設の閉鎖をトランプが迫り、金正恩がこれに即答できなかったためトランプが席を立ち、「ノーディール」で終わりました。

ハノイ会談に至る過程で馬脚を現したのは、韓国の文在寅政権でした。文政権は朴槿恵前大統領の「失政」を踏み台に高い支持率を保ち、南北統一を最優先する政策を取ってきました。そこには北の現体制をどうするのか、南北の経済格差をいかに解消するのか、といった具体的な青写真はなく、「とにかく南北統一」なのです。「統一は民族の悲願であり、何が何でも成し遂げる」という理想論です。これは韓国に限らずリベラル政権（韓国では「進歩系」と呼ばれる）の典型で、アイデアリズム（理想論）だけでひた走り、現実との調整がうまくついていないことを示しています。日本の民主党政権（二〇〇九〜二〇一二年）もまったく同じでした。

北は、南北統一（彼らの用語では「北南統一」）の最大の障害となっているのが米韓同盟と在韓米軍の存在だから、これを何とかしろ、と文政権に圧力をかけてきました。これを受けて文政権は、同盟国であり統一の鍵を握っている米国に対して、「北朝鮮は非核化を行う意思があるから、私たち韓国のコーディネートに乗って米朝交渉を進めてほしい」という態度をとり続けてきたわけです。

しかしトランプは、北が非公開の核開発基地を維持しているという情報を入手し、「非核化」の意思はまったくないことを知ったうえで、韓国の「仲裁」に乗ったふりをし、二〇一九年のハノイ会談で金正恩本人に対して、「あんたは非核化と言うが、この写真は何なんだ?」と証拠を突きつけたのでしょう。情報が漏れていることを知った金正恩は茫然自失となったはずです。

こうして米国と北朝鮮との直接交渉のパイプが開かれた以上、トランプも金正恩も、仲介役としての韓国には「ガキの使い」ほどの価値しか認めなかったのです。

韓国で「進歩系」が力をつけた理由

欧米や日本といった先進国では、共産主義や社会主義に心を寄せるような有権者はごく少数派でしたが、二十世紀の後半にリベラル政党が政権を得たり、リベラル色の強い政策が支持を集めたりしました。現状の自由主義体制を維持するという前提のもとに、所得の再分配を議論しようという方向性です。日本では「保守」を標榜する自民党政権が、累進課税、国民皆保険制度などの社会主義的政策を実現しました。

ところが、リベラルが理想としたグローバリズムの弊害（貧富の格差、移民問題）が顕著になった二十一世紀の先進国では、伝統回帰の保守勢力が選挙で議席数を増やしています。日本の安倍政権、米国のトランプ政権、英国保守党政権下でのEU離脱の動きは、すべて連動していたのです。こうした状況を見ていると、韓国だけ、理念先行のリベラル系勢力が大きく支持を得ているという状況に違和感を抱く人も多いでしょう。

しかし、韓国では事情が異なります。それは南北分断の本質と、「進歩系」が力をつけてきた経緯から読み解けます。日本と比較することで、その違いを探っていきましょう。

日本でリベラル系勢力の力がもっとも強かったのは「安保反対」の学生デモが国会を包囲した一九六〇年代です。彼らは敗戦後にＧＨＱの強い影響下で教育を受けた「団塊の世代」で、八〇年代には社会の中枢を担い、大きな影響力を発揮しました。九〇年代の細川連立政権、村山自社さ政権や、二〇〇九年からの三年間にわたる民主党政権の強力なサポーターとなり、安倍自民党政権にもっとも批判的なのが、この「団塊の世代」です。しかし彼らはもはや高齢者となり、その影響力は過去のものとなりつつあります。若年層になればなるほど安倍政権に対して肯定的であることが、各種世論調査から明らかです。大きな流れとしては、日本でもリベラル系は退潮に向かっています。これには中国の軍事的台頭による危機感が強く影響しています。

韓国で「団塊の世代」にあたるのが、「三八六世代」です。一九九〇年代に三十代だった世代で、光州事件を機に民主化運動が高揚した八〇年代に学生運動を支え、朴正熙《パクチヨンヒ》軍事独裁政権時代の六〇年代に生まれたので三八六。この世代が二〇〇〇年代に韓国社会の中枢を握り、親米保守政権に対する「ろうそくデモ」を主導し、文在寅リベラル政権の最大の支持基盤になっています。日本の政治状況が、二十年遅れで韓国でも起こっていると見れば、理解しやすいでしょう。文在寅は、鳩山由紀夫か菅直人なのです。

世界史における一九八〇～九〇年代は、東西冷戦の終結と東欧民主化、ソ連崩壊、そして旧東側諸国が自由主義陣営へ参加した時代として認識されています。中国は共産党政権のまま市場経済を導入したことが社会矛盾をもたらし、天安門事件を引き起こしました。この事件もまた、西側のリベラルな人々の目を覚ます効果がありました。つまり一党独裁の共産主義は自由主義に打ち勝つことができず、もはや時代遅れであることがはっきり認識された時代です。しかし韓国は、同じ時間をリベラル勢力の成長期として過ごしてきたのです。

韓国の歴史から見ると、中国はまったく違った姿になります。初の「進歩系」政権である金大中《キムデジユン》政権から盧武鉉《ノムヒヨン》政権、つまり一九九〇年代末から二〇〇〇年代にかけての中国は、現代史でもっともダイナミックに成長を遂げた十年間でした。中国人の所得向上は巨大マーケットを出現させ、リーマンショックに端を発した世界金融恐慌から世界経済が立ち直る原動力も中国でした。アジア通貨危機でウォンが大暴落した韓国は、経済再建のために中国市場を必要とし、安い労働力と急成長する市場を求め、韓国企業が競って中国へ進出したのです。

韓国で「進歩系」が力をつけたことと、中国の高度経済成長の間に直接の因果関係はありません。しかし、両者は偶然にも重なり、李明博《イミョンバク》・朴槿恵の保守系政権に戻った時代でさえ、韓国は米国と中国を両天秤にかけるような行動に出るようになり、米国の韓国に対する不信は深まっていきました。同時に、かつて経済面で頼っていた日本の存在感も低下していきます。結局は、「もっとも強い国に事大する」という半島国家のふるまいに先祖返りしただけと言えるのです。

半島国家・ギリシアに酷似する朝鮮半島

こうした朝鮮半島の流れによく似た先行例が欧州に存在します。バルカン半島先端にあるギリシアです。ボスフォラス海峡とダーダネルス海峡は、黒海とエーゲ海、地中海を結ぶチョークポイントで、長年争いを続けてきたシーパワーの英国と、ランドパワーのロシアの利益がぶつかる場所です。

欧州最古の古代文明を生んだギリシアでしたが、中世には東ローマ帝国（ビザンツ帝国）、十五世紀以降はイスラム教徒のオスマン帝国の支配下にありました。十九世紀、オスマン帝国が衰えるとギリシア独立戦争が起こり、これを支援したのが英国とロシアでした。両国は競って軍事援助や経済援助を提案します。ギリシアは親英派と親ロシア派が争いながら、対外的にはどっちつかずで、なびいたり寝返ったりの態度を続けますが、産業革命により物資が豊富なシーパワーの英国が優勢な時代が続きます。

ここに割って入ったのがドイツです。第二次世界大戦では、ナチス・ドイツ軍がバルカン半島に侵攻し、ギリシア全土を占領下に置きました。これに対してチャーチルの英国とスターリンのソ連（ロシア）が共闘してギリシアを支援し、ドイツ軍を追い出す格好になります。

こうして戦後もギリシアでは相変わらず親英派（国王派）と親ソ派（共産主義者）が勢力争いを続けますが、大戦末期の一九四四年にチャーチルとスターリンがモスクワで協定を結び、ギリシアは自由主義陣営、ブルガリア以北のバルカン半島諸国は共産主義陣営に組み込まれることになったのです。ちょうど米ソ間で、朝鮮半島を南北に分断する協定が結ばれたのと同じです。これに従ってソ連は、ギリシア国内の共産勢力に対する支援を打ち切ります。孤立無援となった共産勢力は武装蜂起に失敗し、王政政府によって徹底的に弾圧されました。李承晩《イスンマン》政権が、南朝鮮労働党を大弾圧したのと同じです。冷戦期のギリシアは米英の意向に従い、トルコとともにNATOに加盟し、共産主義に対する防波堤の役割を担うことになります。

一九六〇年代には、親米派の国王と、中道左派のパパンドレウ首相とが対立し、米国に支持された軍部がクーデターを敢行、軍事独裁政権下で左派勢力への弾圧が続きます。ちょうど韓国で、朴正熙軍事政権が生まれた時代です。一九七〇年代、石油危機による経済悪化も影響して国内では軍政に対する不満が高まります。米国にも見放された軍事政権は一九七四年に崩壊し、国民投票で王政から共和政に移行したギリシアは、軍政への反動から左派政権が長期にわたって政権を維持し、八〇年代にはヨーロッパ共同体（EC）加盟を果たします。韓国でもこのころ盧泰愚《ノテウ》政権が軍政を終わらせ、民政移管を実現しました。

ギリシア左派政権は労働組合を支持基盤としたため、ばらまきとも言うべき放漫財政政策を始めます。失業対策の名目で公務員を増やし、年金も手厚くします。ギリシアは労働者天国となったのです。当然、財政は悪化し、通貨ドラクマは暴落して石油の輸入もままならなくなりますが、左派政権は財政文書を粉飾したまま二〇〇一年に欧州統一通貨ユーロを導入。この結果、問題が先送りされ、財政赤字は雪だるま式に拡大し、やがてギリシア政府ぐるみの粉飾が明るみに出たことで、二〇一〇年のユーロ危機を引き起こしました。ギリシア政府の信用失墜が、ユーロの価値を下げてしまったのです。結局、ギリシア財政破綻の尻拭いは、「ユーロ安定」の名目で、実質的にドイツを中心とするユーロ圏主要国に回される格好となっています。ドイツがギリシア救済を渋ると、ギリシア左派政権は第二次世界大戦中のドイツの残虐行為を糾弾し、賠償を要求し始めました。二〇一九年にギリシア議会は、ドイツに対して約三八兆円相当の戦時賠償、補償を要求する決議を行い、国内ドイツ資産の差し押さえを認める判決も出始めています。

冷戦期には最前線の役割、軍事政権時代からの民主化、米国との関係悪化と左傾化、ばらまき財政で財政悪化、戦時賠償の要求……。ギリシア現代史は、どこかの国の歩みとそっくりです。

いまのところEU諸国は、ギリシアのわがままを受け入れ、財政支援をじゃぶじゃぶと注ぎ込んでいます。それをしないと、ギリシアが反EU側に寝返り、欧州の安全保障が危うくなるからです。実際、こうしたギリシアの動きを見て、ロシアと中国が手を回しつつあります。習近平政権は、「一帯一路《いったいいちろ》」の地中海側出口として、ギリシアの首都アテネのピレウス港の埠頭建設にチャイナマネーを注ぎ込んでいます。対立する大国を手玉にとって利益を引き出す。半島国家のお家芸です。

もう一つ、ギリシアをややこしくしているのがトルコとの険悪な関係です。トルコはオスマン帝国時代の四百年間、ギリシアを併合していました。ギリシアはトルコ軍と戦って独立を回復し、逆にトルコは領内に残ったギリシア系住民を追放しているのです。両者の感情的な対立は、いまも続いています。

トルコの南にあるキプロス島は英国から独立する際、島の南部のギリシア系住民が主導権を握りました。これに対して北部のトルコ系住民が分離独立を要求し、これを支援するトルコ軍が介入してキプロス内戦となります。トルコもギリシアもNATOの加盟国として、ソ連（ロシア）に対する防波堤の役割を担っています。その同盟国同士が、キプロスをめぐって険悪な関係なのです。米国から見れば、「いい加減にしろ！」と言いたいところでしょう。これも、東アジアで起こっていることとよく似ています。

韓国の「反日」「侮日」感情は、現代に残る朱子学

ギリシアと朝鮮半島を比べると、もちろん違いもあります。人口一〇〇〇万人程度の小国ギリシアに比べれば、韓国だけで五倍、北朝鮮や中国に住む朝鮮族の人口も加えると八倍の規模があり、ＧＤＰでは韓国がギリシアのほぼ八倍です。

ギリシア文化はキリスト教（ギリシア正教）に深く影響されていますが、朝鮮半島の文化を規定しているのは朱子学です。これは過去の話ではなく、現在もなおそうなのです。

朱子学は、モンゴルの侵略で滅ぼされた中国・南宋で生まれました。彼らの世界観では、「中華」＝文明人が、「夷狄《いてき》」＝野蛮人を支配することが「宇宙の法則」です。しかし現実には、宋はモンゴル人の元に、明は満州人の清に滅ぼされました。これは、朱子学の世界観では「起きてはならないこと」です。

モンゴル支配を脱した朝鮮王朝が朱子学を官学化したことによって、自らを「中華」＝文明人、中華文明を受け入れない日本人を「夷狄」＝野蛮人として蔑視してきた、というお話は、第二章で説明しました。この圧倒的な優越感を大前提とし

て、近代になって「格下の日本に併合された」という事実に、ぬぐいがたい屈辱感を持っているのです。併合したのが中国やロシアだったら、これほどの屈辱を感じずに済んだでしょう。「日本だからダメ」なのです。この感情が、韓国人をしてリアリズム的な思考を困難にさせているのです。

朱子学的理想に反する現実が起きた場合どうするか？　脳内の整合性を保てない状態。心理学ではこれを「認知的不協和」と言います。不協和を解消するためには、現実認識を変えてしまえばいいのです。

何回ジャンプしてもブドウが手に入らなかった狐が、「あのブドウは酸っぱいから必要ないのだ」と納得する。このイソップ童話の狐の脳内で起こったのが、認知的不協和です。朝鮮半島の人々の脳内でもこれが起こっていると考えれば、非常に理解しやすいのです。

日本から学ぼうという開化派は実在しましたし、いまでも「反日」に頼る自分たちを心の中でおかしいと思う人もいるでしょう。もはや韓国人はそのような「反日」感情は持っていない、むしろ日本の「嫌韓」のほうが深刻だ、と言う人もいます。しかし徹底的な反日教育が、いまも韓国で行われているのは事実です。

韓国人の常識としての日本蔑視、「日本人＝格下」という思考法と、日本人との交友とは矛盾しません。「日本人の割にはよくやる」「もとは韓国が伝えた文化だ」「朝鮮から収奪したおかげで資本主義が育成された」「朝鮮戦争のおかげで日本は復活した」などと考えることで、自分たちの道徳的な優位性を保ちながら、うまく現実とのギャップを回避しているのです。

こうしたロジックで日本との関係を振り返ると、韓国の居丈高《いたけだか》な態度や二枚舌などの背景にある心理が読み取れます。

日本の統治を受けた地域や民族は、朝鮮半島だけではありません。台湾、パラオ、マーシャル諸島など他にも存在します。かつての日本統治の個々の政策について批判はあっても、台湾やパラオのように、日本の統治時代を懐かしむ国々のほうが多いのです。

日本統治そのものを全面否定する、その痕跡さえ消し去ろうとするのは、朝鮮半島だけで起こっている現象です。朝鮮半島だけがいまだに反日志向が変わらないどころか、世代を超えて増幅しているということは、その原因は日本にではなく、朝鮮半島の人々の脳内に求めるのが合理的です。私はその原因を、朱子学が定める「華夷《かい》思想」であろうと考えています。

もちろんいまの韓国に科挙はなく、学校で朱子学を教えているわけでもありません。しかし朝鮮王朝五百年あまりの間、知識人の間で骨の髄まで染み込んだ「思考の型」というものは、国民性として受け継がれるものなのです。英国人はジェントルマン気質を、米国人は西部開拓民のフロンティア・スピリットを、日本人は武士道を受け継いでいます。日本人全員が武士だったわけではありませんが、江戸時代に確立した支配層としての武士の倫理観は、「恥の文化」として脈々と現代の日本人に受け継がれています。朱子学を原理とするヤンバン文化が現代の朝鮮半島の人々に受け継がれていないはずがありません。

韓国ではいまでも強力な学歴主義、学閥主義で、大企業、公務員に就職人気が集中し、それ以外の道を選ぶくらいなら何年浪人してでも試験に再チャレンジする文化が続いています。これは、「ヤンバンでなければ人ではない」「知識人こそ至上で、体を動かすような仕事は恥ずべき」「科挙に合格しなければならない」などという伝統的な考え方が、サムスンの入社試験や公務員試験に置き換わっただけと考えると理解しやすいのです。

外国頼みの保守派と民族独立の進歩派

ギリシアも韓国も左右両派の対立があり、時代とともに「民主化」を目指す左派勢力が勢いを増した点は共通します。世界基準では、「右派」は国家権力重視・伝統回帰派、「左派」は個人の自由・人権尊重派となり、ギリシアの場合もだいたいそうなっています。

ところが韓国の場合は、この点が決定的に違うのです。表面的には軍事政権の流れを汲む親米派が「右派」もしくは「保守派」、これに抵抗を続けた民主化運動の流れを汲むのが「左派」もしくは「進歩派」と呼ばれています。軍政時代に韓国民主化運動の最大の支持者でありスポンサーだったのが北朝鮮であり、韓国の「左派」「進歩派」が理想とするのは、キム一族の独裁体制だったのです。つまり韓国の「右派」は親米独裁を是とし、韓国の「左派」は労働党独裁を是とします。たとえば、金大中・盧武鉉・文在寅の三代の左派政権は、北朝鮮におけるキム一族への個人崇拝や強制収容所での人権弾圧、韓国人拉致被害者の問題についてかたくなに沈黙を守ってきました。

批判しないということは、是認しているということです。一体どこが、「左派」なのでしょうか？（この点は、日本の「左派」「進歩派」も同様です。彼らは、在日韓国・朝鮮人の人権については声高に語りますが、「在北朝鮮」の朝鮮人の人権について

は、なぜか沈黙を続けています）

「人権」は、国境を超えた人類普遍の権利なのです。A国の人権抑圧は糾弾するが、B国の人権抑圧には沈黙する、などというダブルスタンダードがあってはならないのです。こういう態度をとる人たちは、政治的主張の道具として「人権」を使っているだけなのです。

それでは、韓国の「左派」「進歩派」の政治的主張とは一体何か？

これこそが、「民族統一の悲願達成」なのです。つまり韓国における左右の対立とは、こういう図式なのです（図表3－2）。

「保守派」は、韓国建国以来、米韓同盟に自国の安全を委ね、米軍の韓国駐留を認めてきたグループ。冷戦構造下で、日米韓は同じ陣営でしたから、日韓基本条約を結んで日本からの経済支援を受けてきました。今世紀に入って中国が台頭すると、中国への傾斜を強めてきたのがこのグループです。否定的に見れば、グローバリズムのなかで、うまく世渡りしながら国益をハンドリングしてきたのがこのグループです。

「進歩派」は、中国やロシア、まして米国や日本に頼ることを悪しき歴史、恥辱と捉えています。朝鮮民族は他国の影響を受けることなく自主独立の道を進むべきで

図表3-2　韓国における左右の対立

あって、信じられるのは同じ民族だけと考えています。米軍の駐留を受け入れ、日本からの経済支援で発展してきた大韓民国の恥ずべき歴史を消去して、いわば民族自立の新しい国をつくりたいと考えているのです。

近年、中国発と思われる微粒物質ＰＭ２・５が韓国を襲い、深刻な大気汚染を起こし社会問題化していますが、韓国の度重なる協議要請を、中国政府は門前払いにしています。習近平は二〇一七年の米中首脳会談でトランプに対して「かつて朝鮮半島は中国の一部だった」と語りました。高句麗や元の歴史を考えればそうとも言えるわけですが、朝鮮民族としてこれは、恥辱以外の何ものでもありません。文在寅大統領が中国を訪問すれば、まるで冊封国《さくほう》の王のように扱われます。「仮想敵国」の日本やインドの首脳よりも冷遇され、首脳会談でも要人との会食が用意されず、「一人飯」を余儀なくされたことが韓国人を憤激させました。

さらには、韓国の歴史教科書で「韓民族の祖先」と教えている高句麗について、「中華民族の一部にすぎない」と中国の歴史学界が定義するという動き（東北工程）についても、中韓の間で歴史論争が続いています。高句麗は満州人と同じツングース系民族ですから漢民族でも韓民族でもないのですが、この問題は中国東北地方の延吉《えんきつ》周辺に住む朝鮮系住民の帰属に関わる政治問題なのです。

「反日」では共闘しているかに見える中韓の間には、このようにさまざまな葛藤があるのです。そして韓国の「左派」「進歩派」とは、実は中国とも相容《あいい》れない強烈な朝鮮民族至上主義者であり、「保守派」以上に妥協の余地がない勢力であることが、日本ではほとんど理解されていません。日本のリベラル勢力は、民族主義を忌避する勢力ですので、韓国人のこのメンタリティが理解できないのです。

金正男はなぜ殺されたのか？

こうした中朝関係を理解すれば、北朝鮮の二代目指導者・金正日が「中国を信用するな」という遺訓を残したことも合点がいくでしょう。中国は当然このことを快く思わず、北朝鮮の指導部内に「親中派」を育成してきました。金正日の妹婿で経済官僚の張成沢《チャンソンテク》と、金正日の長男である金正男《キムジョンナム》です。

この二人は中国型の改革開放政策に転じることによって、計画経済で死にかかっている北朝鮮経済を復活させようと考えていました。中国経済の成長ぶりを見れば非常に合理的な考え方ですが、自主独立と計画経済にこだわる金正日は長男の金正男を事実上勘当し、まったく無名だった三男の金正恩を後継者にしたのです。

金正恩は金正男の異母弟で、母が在日朝鮮人であることから血統的にも格下と見られていました。しかし果断な性格が父に気に入られ、可愛がられたようです。

金正恩が三代目を世襲したとき、その地位は不安定でした。朝鮮労働党の中枢には、「親中派」の張成沢とつながり、また中国マカオに亡命していた兄・金正男の復権を願う勢力があったからです。金正恩はこれら「獅子身中の虫」を次々に粛清し、ついには党の会議に出席していた叔父の張成沢を逮捕し、一族もろとも処刑しました。親族の幼児まで殺されたといわれます。朝鮮王朝時代の慣習で、日本統治下では禁止されていた縁座制が、あの国では生きているのです。

それでもまだ金正恩は不安でした。中国政府の保護下にある金正男が生きているかぎり、クーデターの可能性が残っているからです。金正男抹殺の密命を帯びた特殊チームが編成され、チャンスをうかがいました。

金正男は小泉政権時代に偽造パスポートで来日したことが発覚して一時拘束されたとき、「東京ディズニーランドに行きたかった」ととぼけた回答をしたことのある、ちょっと「天然」なキャラクターの愛すべき人物でした。自分が狙われていることを知っていたはずですが、一人でどこでも出かけてしまう自由人だったことが、結局は彼の死を早めることになりました。

二〇一七年二月十三日、マレーシアのクアラルンプール国際空港で、待ち伏せしていた二人の女性に有毒ガスを嗅《か》がされた金正男は、ショック死しました。実行犯はベトナム人とインドネシア人の一般人の女性で、「テレビのドッキリ番組の企画」として雇われたのです。彼女らを雇った「テレビ局の人」とは、金正恩が送り込んだ北朝鮮の工作員で、すでに平壌《ピョンヤン》へ向けて飛び立ったあとでした。

こうして金正恩は最大の政敵を葬った……はずでした。ところが、話はこれで終わらないのです。金正男の息子・金漢率《キムハンソル》が生きているからです。マカオに住み、英オックスフォード大学の大学院への留学を準備していた金漢率は、父が殺害された

図表3-3　中国から見た朝鮮半島

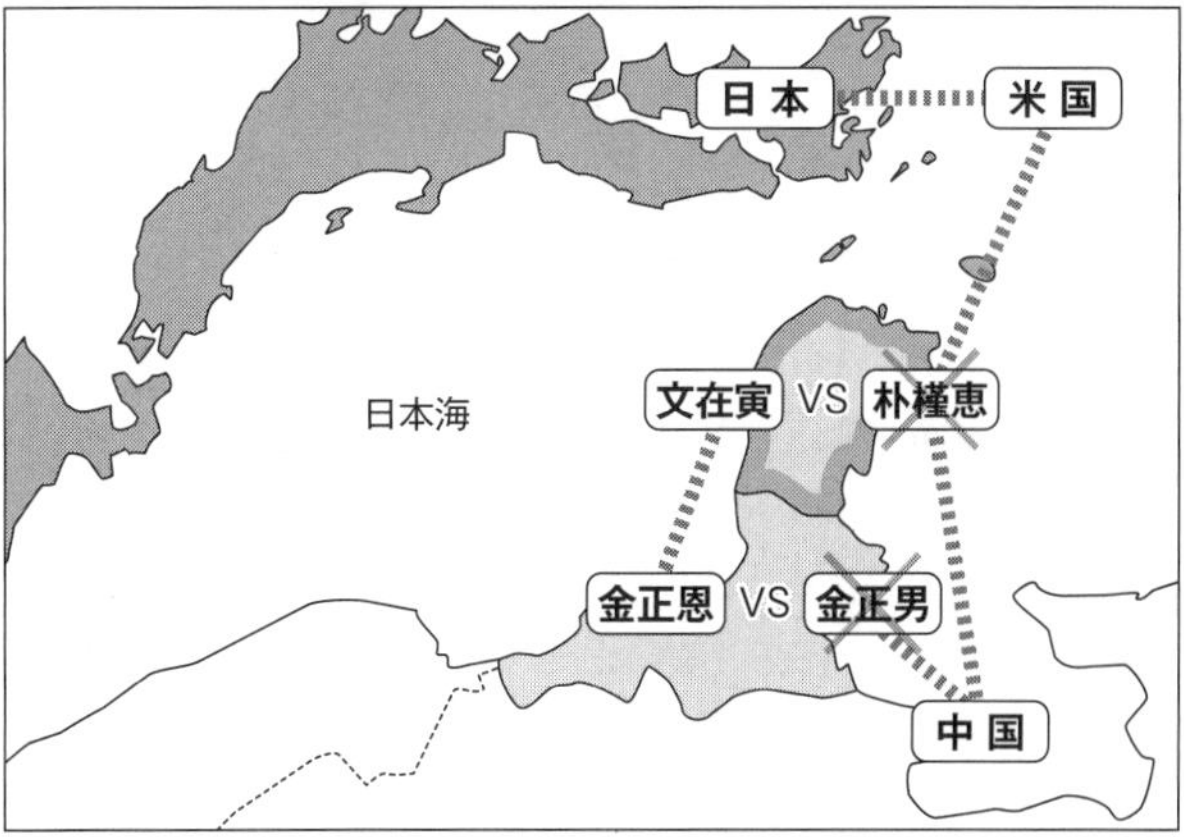

あと家族とともに忽然《こつぜん》と姿を消し、YouTubeに動画をアップして「自分も母も妹も無事である。オランダ、中国、アメリカ、もう一つ名を明かせない国に感謝する」と語ったのです。この動画をアップした「千里馬《チョンリマ》民間防衛」なる組織の実態もまったくわからず、金正恩にとっては眠れぬ夜が続きそうです。

北朝鮮で「親中派」の張成沢・金正男が粛清されたこと、韓国で「親中派」に転じた朴槿恵政権がろうそくデモで倒されたこと、この二つの事件は、朝鮮半島から中国の影響力が排除されつつあることを意味します。金正恩がトランプとの米韓首脳会談に応じた最大の理由も、中国の圧力に対抗することなのです。

文在寅がこだわる「一九一九建国」史観

二〇一九年は、ちょうど三・一独立運動から百周年に当たり、文在寅政権は「三一節」（三・一運動の記念日）を大々的に祝うつもりでした。日本では反日運動の高まりを警戒していましたが、直前のハノイ米朝会談が予想外の破談に終わり、お祝いムードは吹き飛んでしまいました。

文在寅「進歩派」政権は、なぜ三・一運動百周年にこだわったのかを考えてみましょう。もちろん韓国人なら左右関係なく三一節を祝うのですが、「進歩派」は、一九一九年の三・一運動後、中国に逃れた運動家たちが上海で設立した「大韓民国臨時政府」をもって大韓民国が成立したのだと、歴史を書き換えようとしてきました。つまり、「二〇一九年は建国百周年だ」というのです。これに対し「保守派」は、臨時政府の意義を認めつつも、建国はあくまで米国の軍政を脱した一九四八年である、としています。

この「一九四八年建国説」を認めてしまうことは、「進歩派」には耐えがたいものなのです。朝鮮民族の力によらず、日本が勝手に立ち去ったあと、米国の後ろ盾によって、しかも分断を前提に行われたものだからです。自力で成し遂げたものが何もなく、朝鮮民族至上主義者にとっては実に決まりの悪いものなのです。

「亡命政府」というのは世界史上、いくつも存在します。一九三九年、ドイツ軍とソ連軍に国土を二分されたポーランド共和国政府は、ロンドンに亡命して英米から正統政府と扱われました。一九四〇年、ドイツ軍に占領されたフランスから、ド・ゴール将軍らの徹底抗戦派がロンドンに亡命して自由フランス政府を建て、英米から承認されました。一九五九年、中国人民解放軍に占領されたチベットから、ダライ・ラマ十四世がインドに亡命してチベット亡命政府を組織し、国家承認こそ受けていませんが、事実上インド政府の保護下にあり、内閣や議会、中央官庁を整備し、十数万人の亡命チベット人を統治しています。

文在寅

これに対して一九一九年に上海で発足した「大韓民国臨時政府」は政府として機能したことがなく、これを承認した国家も存在しません。蔣介石の中国国民政府からの補助金と在外朝鮮人からの上納金で活動していた指導部は、中国各地を転々と移動しながら派閥抗争に明け暮れていました。

北朝鮮でさえ、「だれからも承認されず、派閥抗争を続けた亡命者集団」と「臨時政府」をこき下ろしています。つまり、「一九一九年大韓民国建国説」は、国際法の論理からも、実態から考えても無理筋です。

それでも一九一九年の三・一運動と上海臨時政府は、「わが民族が日本帝国主義に立ち向かったほとんど唯一の事例」として賞賛に値するわけです。三・一運動以降、大規模な反日運動は起きていないため、他に選択肢がありません。

ベトナムの場合、現在の共産党政権を形づくったホー・チ・ミンやそれを受け継ぐ人たちは、フランスや米国、そして中国と実際に戦っているのです。それに対して日本に併合された朝鮮人の圧倒的多数は、「善《よ》き帝国臣民」として過ごし、仕事を求めて日本に渡ったり、日本軍に志願したりしたのです。ところが、ある日突然に日本はいなくなってしまい、米国が李承晩を連れてきて建国のお膳立てをしてくれたのです。これではどこにも「自主独立」がありません。

北朝鮮の場合、ソ連極東軍の一部隊だったとはいえ、金日成《キムイルソン》が率いる朝鮮人ゲリラは日本の軍・警察と実際に交戦しています。この局地的な、しかもゲリラ側が大敗した戦闘について、北朝鮮の公式な歴史においては「金日成首領様が率いる抗日パルチザンが、百戦百勝の快進撃で日本帝国主義を打倒し、共和国を建国した」という神話にフレームアップしています。そのため、三・一運動を建国とする韓国「進歩派」の史観には批判的なのです。文在寅政権はこの点を「忖度《そんたく》」し、三・一運動百周年の祝賀ムードを抑制したとも考えられます。

「アメリカ・ファースト」と「朝鮮ファースト」が一致

文在寅政権は完全な親北朝鮮政権で、北朝鮮の主張を最大限聞くスタンスを見せています。

核拡散防止条約（NPT）に違反して核開発を進めた北朝鮮は、国連安保理決議で、原油の供給制限など経済制裁を課されています。そこで海上での物資積み替え、いわゆる「瀬取り」によって原油の密輸を図り、各国が監視しています。米国や日本、オーストラリアだけでなく、英国やフランスも参加している「瀬取り」の取り締まりに関しても、文在寅政府は実に煮え切らない態度をとっています。メディアを騒がせた「レーダー照射問題」は、「北朝鮮の瀬取りを韓国側がアシストしていた」という結論だったとしても納得できます。

冷戦期の韓国は、あくまで米国の忠実な従属国でした（この点は、日本も同じです）。しかし、中国の成長に伴って米中の隙間で泳ぎ回るような行動を取り始め、「保守派」政権ながらビジネス界出身の李明博大統領はリーマンショックで揺れる米国を見限るがごとく中国に傾倒し、朴槿恵大統領に至っては、北京で開催された「抗日戦勝七十周年軍事パレード」に参加してしまい、米国との温度差がどんどん明白になっていきました。韓国国内でも、伝統的な親米保守派が親中派に衣替えし、民族統一を至上命題とする親北朝鮮派も力を得ている状況を見て、米国もこれまでの韓国との関係を再考すべきときが来ていると考え始めました。

こうしたなか、米国で「アメリカ・ファースト」のトランプ政権が発足したことで、米韓の利害関係における奇妙な一致が生まれました。在韓米軍の縮小、撤退、そして米韓同盟の解消です。

南北統一を目指す文在寅政権にとって、米軍はありがたくない存在です。それ以前に、外国勢力に頼る安全保障自体、彼らには受け入れられるものではありません。本音では早く出ていってほしいのです。

一方で、世界の警察官をやめたいトランプにとっても、在韓米軍の縮小は絶好のアピールポイントになりました。「金正恩を手なずけ、朝鮮半島での戦争のリスクは下がったのだから、米兵はみんな国に帰ろう」とアピールできます。「もうサウス・コリアのために米国のリソースを使うことはやめよう」という主張は、内向きになっている米国の世論に訴える力がありました。

二〇一九年に入って、両国の合意のもと、毎年行ってきた大規模な合同軍事演習が終了することになりました。その理由を、韓国側は「北朝鮮を刺激してはいけない」、米国側は「規模を縮小しても、北に対する抑止力は維持できる」などと説明していますが、両国は同床異夢、見ている方向が違うだけで、米韓同盟が解消に向かうという本質は変わりません。

トランプの「アメリカ・ファースト」に対して、金正恩も文在寅も結局は「朝鮮民族ファースト」であり、お互いにナショナリストという意味では了解し合えたのです。

バイデン政権（二〇二一年〜）の朝鮮政策は未知数です。そもそも半島に興味がなく、「何もしない」のではないでしょうか。

金正恩の「核・ミサイル放棄」はあり得ない

一連の米朝首脳会談を通じて、金正恩の頭の中に「非核化」や「核・ミサイル放棄」などまったくないという事実が明白になりました。

これは当然のことです。現在の北朝鮮が米国と交渉できたり、韓国の親北派を引きつけることができたり、あるいは中国やロシアをカードとして使ったりできるのは、核とミサイルの「威光」があるからに他なりません。金正恩は民衆が飢え死にしても国力を核とミサイル開発に集中し、制裁が実効性を帯びる前の完成を目指していました。核とミサイルは北朝鮮の「最後の砦《とりで》」なのであって、アメリカが望むような「非核化」はただの自殺行為にすぎません。

金正恩としては、限定的で実効性の薄い「非核化」をトランプと約束する代わりに、経済制裁を緩めてもらって権力基盤を固めるという取引（ディール）を考えていたのでしょう。しかし、金正恩の手の内を読みきっていたトランプは、このディールに乗りませんでした。

金正恩

手の内が知られた北朝鮮は、戦略を立て直すのに少し時間がかかるでしょう。短期的にはアメリカの引き込みに失敗したので、中国やロシアをテコに米朝交渉を仕切り直すことが定石です。

それも不調な場合は、日本との交渉に乗り出します。文在寅政権はすでに交渉仲介者としての利用価値が薄れているため、これまでほとんど米朝交渉に関わってこなかった日本に制裁解除を働きかけ、事態の打開を図ることがあり得ます。もちろんその場合は、日本に対して何らかの「見返り」を与える必要があります。その「材料」となるのが日本人拉致問題です。自力で北朝鮮に交渉できるカードを持たない日本にとっては、拉致問題を解決するための機会を得られるかもしれません。

主体思想は「マルキシズム風味の朱子学」だ

北朝鮮は、現在の韓国「進歩派」、朝鮮民族至上主義を完全に手なずけてしまった感があります。

韓国の「進歩派」が外国勢力に頼ることを批判しながら、彼らもまた完全に資本主義化し豊かな暮らしを送っている人々であり、なぜ世界最貧国の北朝鮮に肩入れできるのか、という疑問を持たれるでしょう。この疑問も、実は朱子学で説明できるのです。朝鮮労働党の指導原理である「主体（チュチェ）思想」は、韓国の「進歩派」にとって、非常に共感できるものだからです。

私たちは北朝鮮、つまり朝鮮民主主義人民共和国は、その名のとおり共産主義国家と考えがちですが、正確に言うとそれは間違いです。主体思想をひもとくと、そのことがよくわかります。

主体思想は、マルキシズムの化粧を施《ほどこ》した朱子学なのです。

朝鮮民族は一つの生命のごとき有機体であり（ここでも国家有機体説が出てきました）、キム一族はその頭脳であり、その命令を全身に伝える神経系統として朝鮮労働党員が存在し、外敵から身を守る手足としての朝鮮人民軍、免疫機能としての治安組織が存在します。労働者・農民は、臓器として生命体を維持するためにそれぞれの役割を果たし、頭脳と神経系統に絶対服従しなければなりません。これに従わない者は、「ガン細胞」として排除されるのです。

これは長年朝鮮民族の意識に染み込んでいる朱子学の理論を、そのまま援用しているのです。

五五ページの図表をもう一度見てみましょう。「聖人」にあたるのがキム一族、「君子」が労働党員です。キム一族の指導なくして革命は成功せず、それを理解できる（＝忠誠度が高い）労働党員はレベルが高く、勤労に励むだけのレベルの低い階層を支配するのは「当然」なのです。首都の平壌に住むことができるのは、労働党員とその家族だけです。中国共産党でさえ避けた最高権力者の世襲も、この思想であれば正当化されるのです。

韓国の「進歩派」にとって主体思想が魅力的に映るポイントがもう一つあります。主体思想は、旧ソ連や中国などの共産国家との違いを鮮明にしながら、どの大国の圧力にも決して屈せずに、朝鮮民族が政治、経済、国防を主体的に行うことができるイデオロギーなのです。朝鮮民族による、朝鮮民族のための思想になっていて、米国の手を借りて「保守」派がつくりあげた、「恥ずべき大韓民国」をやめるためにはうってつけの素材です。「進歩派」がいますぐ飛びつける代案が、北朝鮮にはすでに存在しているのです。

朝鮮民族は半島国家として周辺国に蹂躙《じゅうりん》され、侵略され続けてきました。韓国はいまだにその構図から抜け出していないのに対して、北朝鮮には民族を守り、民族の誇りを保障してくれる核とミサイルがあります。私たちの目には、北朝鮮には核とミサイル「しか」なく、それは核拡散防止の原則にも反しているし、悲惨な核兵器を交渉材料に使うなど許しがたいと映りますが、韓国の「進歩派」にとっては、これまで一度も自らを守れなかった朝鮮民族が初めて手にした宝刀が核とミサイルなのです。

したがって、韓国の「進歩派」も北朝鮮の非核化など考えていません。米国や国際社会の目をうまくかいくぐって統一朝鮮に核とミサイルを引き継ぎ、それで民族を守ろうと考えているのです。この点でも、核や原子力にアレルギーを持っている日本のリベラルと、韓国の「進歩派」とは、はっきり異なっています。

統一朝鮮は当面「一国二制度」になる

文在寅政権は韓国の米国離れを一段と加速させています。経済面の失策でピーク時より支持率を落としたとはいえ、これまでの政権の同時期と比較すれば高い支持率を保ってきました。朴槿恵弾劾のショックを引きずる保守派が政権を取り返すには、相当の時間がかかるでしょう。それでなくとも、保守系の支持層は高齢化が著しく、三十～四十代の支持を回復するのは絶望的です。

文在寅政権の次の政権も「進歩派」・親北朝鮮派だとすれば、この動きは二〇二七年まで持続することになります。

この間、米国は韓国に見切りをつけ、米韓同盟解消に動くでしょう。中国もロシアも、北朝鮮の政策を左右するほどの決定的な影響力を今後も持たないでしょうから、朝鮮半島の将来は「ウリ＝朝鮮民族」だけで決めるタイミングがやってきます。金正恩は武力を使わず独裁体制も温存したまま、統一へと進むでしょう。韓国の「進歩派」は民族の悲願と積年の恨みを断ち切ると高らかにうたって、これに追随するのです。これは朝鮮民族の自主権の問題ですから、日本としては一歩引いて冷ややかに見守るしかないのです。

米国・中国・ロシアが、半島統一という近未来の現実を受けて、いかなる思惑と戦略を持つのかについては、続く各章でそれぞれ述べていきましょう。

統一朝鮮の未来像をここで予測しておきましょう。そのモデルとなるのは、中国が香港返還の際に採用した「一国二制度」です。英国植民地だった香港では、言論の自由が保障されていました。一九九七年の香港返還に際して英国がつけた条件は、「中国への返還後も五十年間は言論の自由を保障せよ」ということでした。香港マネーを渇望していた中国はこれに応じ、香港は自由主義体制を維持したまま、一党独裁の中華人民共和国に返還されたのです。これが「一国二制度」です。そしていま、中国政府は真綿で首を絞めるように、ゆっくりと香港の自由を奪い取っています。

これをモデルと考えれば、北朝鮮は、韓国の自由主義体制を維持したまま南北統一を宣言します。韓国の財閥には北への投資をうながし、人の移動も当面は許可された者だけにしか許さないでしょう。いきなり自由往来を認めれば、キム一族を批判したり茶化したりする輩《やから》も侵入してきますので、金正恩の威光を守るためにも人の往来は厳しく制限するはずです。

金大中大統領の初の訪朝の直前、ヒュンダイ財閥が五億ドルを北に送金していたことからわかるように、韓国の財閥は北へ投資し、北の安い労働力を使って輸出競争力を強化しようと手ぐすね引いて待っているのです。労組がストを繰り返す韓国と違い、独裁政権下の北の労働者は従順で、低賃金でもよく働きます。つまり韓国の財閥は、北の労働者の劣悪な労働条件を利用して利益を追求し、独裁者一族に献金するのです。北への工場移転で南の産業は空洞化し、賃金も下がり、韓国の若者は慢性的な雇用不安に悩まされるでしょう。これが私の予想する「夢の半島統一」の姿です。

金正恩は民族の「象徴」になれるか?

やや突飛かもしれませんが、キム一族は統一朝鮮の出現後、まるで日本の天皇のように、朝鮮民族統合の「象徴」になるかもしれません。

主体思想は、金正日の側近で韓国に亡命した黄長燁《ファンジャンヨプ》が体系化しました。脱北者のなかではもっとも高位（最高人民会議元議長）の人物です。黄長燁が金日成に託されたのは、マルクス・レーニン主義から離脱するための体系化されたイデオロギーです。黄長燁は一九二三年、つまり日本統治時代の生まれで、日本の中央大学法学部で大日本帝国憲法を研究した経歴を持っています。

伊藤博文が起草した帝国憲法の天皇機関説は、ドイツの国家有機体説を新たに解釈したものでした。黄長燁はこれをモデルにして主体思想を構築したわけですから、キム一族の法的地位は、帝国憲法における天皇のそれと似たものになってくるのです。やっと三代続いた「キム王朝」の権威を、百二十六代続く日本の皇室の権威と比べるのは滑稽ですが、朝鮮王朝（李氏）を廃絶してしまった以上、それに代わる権威となりうる存在は、キム一族しかありません。

統一朝鮮では、金正恩は朝鮮民族の誇りを守ってきた一族の正統な後継者として、侵すことのできない権威を与えられるかもしれません。仮にこの国が独裁を放棄したあかつきには、「人間宣言」を行い、日本国憲法下の天皇のように、国家と国民統合の象徴として存続するかもしれません。いや、そうすることでしか、キム一族が存続しうる道はないように思われます。民衆の蜂起で惨殺されたルーマニアの独裁者チャウシェスク夫妻のような道は、たどりたくないでしょう。

ところで日本にも「チュチェ思想研究会」なるものがあり、沖縄の反基地運動家や、アイヌの民族運動家のなかにも、その影響を受けている人たちが存在します。「外部勢力の干渉を断ち切り、民族の自主権を最大限に尊重する」というロジックは、こうした運動に共鳴しやすいと言えるでしょう。もともと主体思想とは朝鮮朱子学を近代日本の憲法学で料理し、マルキシズムという赤いふりかけをトッピングしたものなのですから、日本に「里帰り」していてもおかしくありません。

統一朝鮮は核兵器を手放さない

自主独立の統一朝鮮は人口七七〇〇万人を擁し、ドイツ（八三〇〇万人）、フランス（六七〇〇万人）と肩を並べる中規模国家となります。その安全を保障するものは、北朝鮮から引き継ぐ核ミサイルです。つまり、朝鮮半島は史上初めてどこにも支配されない朝鮮民族の国家を、核とミサイルをベースとした国防力によってつくりあげるということになります。第六章で述べますが、米国はこれを許すでしょう。中国はもちろん、ロシアも、ましてや日本は、容易には朝鮮半島に手出しできなくなります。

これは、今後の東アジアの勢力図に大きな影響を及ぼすことになります。どのくらいの力を持つプレーヤーになるのかは未知数です。現在も、北朝鮮をいきなり攻撃することはかなりのリスクを伴いますが、こうした構図もそのまま統一朝鮮の「財産」として引き継がれるわけです。

統一朝鮮が、果たしてどこまで自らの運命を決する力を持てるか、彼らの期待どおりになるかどうかは不透明です。「バラ色の未来」というわけにはいかないでしょう。統一朝鮮は、これから本格化する米中冷戦の真っただ中に投げ込まれます。遅かれ早かれ米中経済戦争は米国の勝利で終わり、もはや中国の力強い成長は終わって、世界制覇の夢も挫折するでしょう。もしも統一朝鮮が、判断を誤って中国寄りの態度を取れば、彼らの運命は暗いものにならざるを得ません。

現状でも、韓国はすでに経済面で中国にキャッチアップされています。二〇〇〇年代以降、韓国は中国市場にモノを売りまくることで成長してきましたが、もはや韓国製品の技術的なアドバンテージはごくわずかしか残されていません。韓国製品は中国市場からは締め出され、第三国の市場では中国とライバルとなるわけですから、韓国経済の成長を支えてきたエンジンは逆回転することになるわけです。すでに韓国産のスマートフォンは中国市場を失っていますし、自動車でも押され始めています。米国から離れ、中国にすり寄ることもできない統一朝鮮がどうなるのか。統一朝鮮で大国になったと勘違いし、すべての国から離れることは、すべての国から見放される運命を招く可能性もあります。

韓国の有権者は、自らが勝ち取った民主主義的手続きのなかで、統一に突き進む「進歩系」政権を支持してきたし、今後もこの流れは変わらないでしょう。少なくとも半島国家の辛酸をなめ続けてきた朝鮮民族の「統一の悲願」は叶えられそうですが、それが果たして朝鮮民族の幸福、特に韓国に暮らす人たちが本当に望んでいる理想の姿なのかどうか。ごく普通の韓国国民が真相に気づいたときには、すでに統一朝鮮が出現していて、もはや後戻りのできない状況になっているのでしょう。

しかしこれは、彼ら自身が引き受けざるを得ない現実であり、隣国としては手の施しようがないのです。

第四章

中国の戦略

大中華思想を貫く宗主国

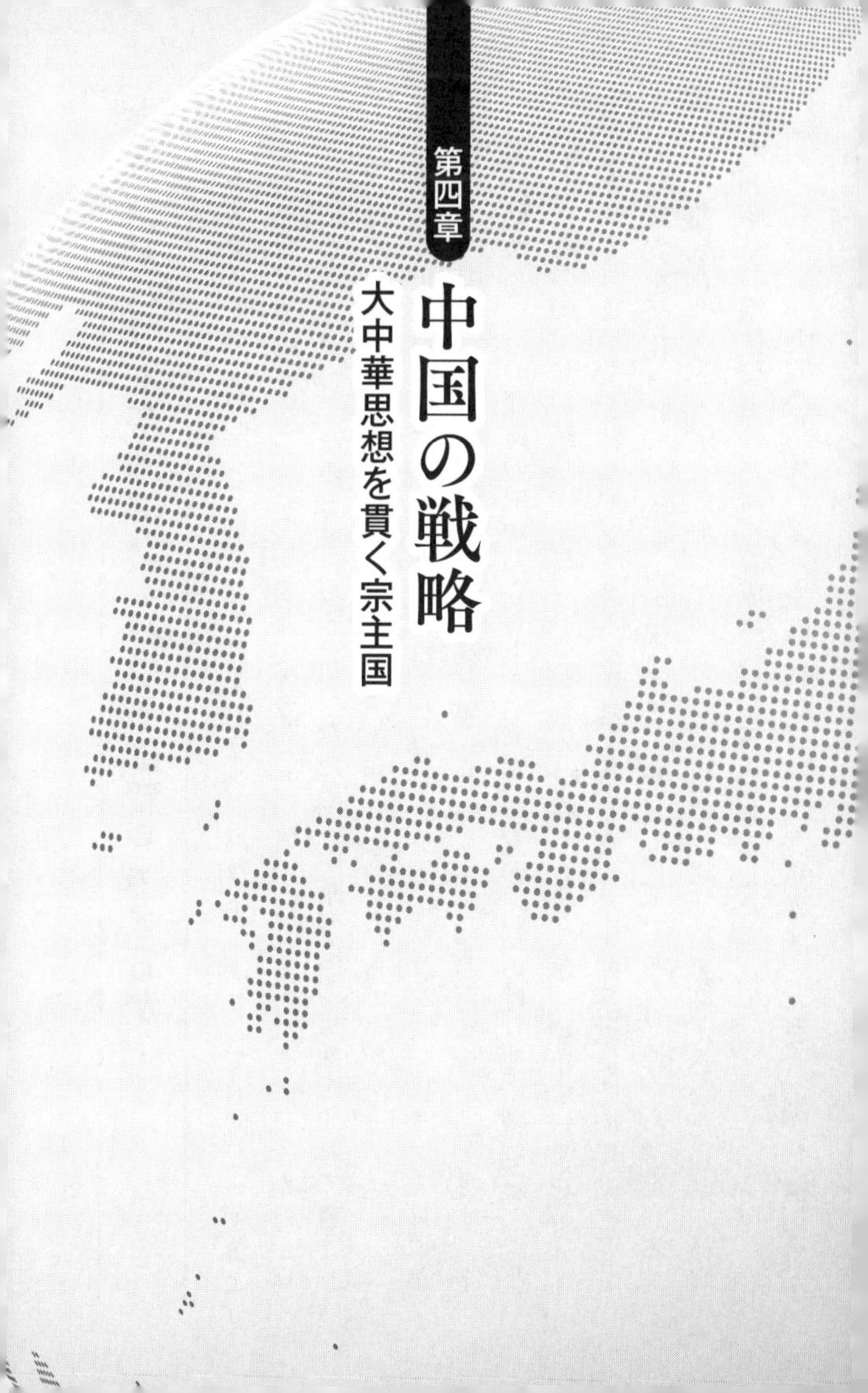

ランドパワー帝国はシーパワーに変身できるか？

中国は二千年にわたって東アジア最大のランドパワー帝国として君臨し、朝鮮と東南アジア諸国を臣下として冊封《さくほう》してきました。唯一、シーパワーの日本だけが冊封体制から離脱し、台湾もまた島国だったため、中華帝国の支配を免れてきました。台湾が中国領となるのは、十七世紀の清朝になってからです。

十九世紀以降、産業革命で近代兵器を装備した英国・フランス・ロシア・日本が相次いで中国に派兵し、国内では内戦が続くという「屈辱の百年」を迎えます。帝国は崩壊し、その廃墟の中から立ち上がった共産党が、初めはソ連型統制経済で失敗したものの、試行錯誤の末に、一党独裁を維持したまま米国型市場経済を導入するという、まったく新しいシステムを構築しました。米中の接近はその反動として中ソ対立を激化させ、冷戦期の中国は常に北方の脅威であるソ連から身を守るため、またチベット・ウイグルなど国内少数民族の分離運動を抑え込むために、核戦力と陸軍の増強に努め、海軍育成は後回しにされました。

それでも一九八〇年代の鄧小平《とうしょうへい》時代に、「中国海軍の父」とされる劉華清《りゅうかせい》司令が将来を見据えて、列島線概念を提唱しました。現在の中国海軍の増強とその動きは、基本的に劉華清プランに従ったものなのです（二一九ページの図表4－3参照）。

・第一列島線……日本列島・沖縄・フィリピンを結ぶ線。
　この手前の東シナ海・南シナ海を二〇一〇年までに確保する。
・第二列島線……小笠原・グアム・ニューギニアを結ぶ線。
　この手前のフィリピン海を二〇二〇年までに確保する。

ソ連崩壊で北の脅威から解放され、二十一世紀の中国は（彼らの統計を信じるなら）、米国に次ぐ世界第二位の経済大国にのし上がりました。その結果、彼らはシーパワー大国になるという野心を隠さなくなったのです。現状では中国海軍は、西太平洋で圧倒的なパワーを保つ米軍や、これと共同作戦を行う日本の海上自衛隊に対抗するため、全力をあげて軍備を増強しています。また、米国の同盟国に囲まれて海へのアクセスが制限されていることにも強い不満を感じています。この現状を打破し、韓国や沖縄、佐世保や横須賀の米海軍をグアムまで撤収させ、日本には平和憲法を厳守させて自衛隊の手足を縛っておき、中国海軍が西太平洋・インド洋地域の海上覇権を握る――これが習近平の唱える「中国の夢」であり、「一帯一路《いったいいちろ》」計画なのです。

歴史上、ランドパワー帝国として君臨してきた中国が、シーパワー化しようとしたことが過去に二度ありました。明の永楽帝のときと、清朝末期の李鴻章《りこうしょう》の改革のときです。

十四世紀、モンゴル人による征服王朝・元の支配を脱し、明を建国した洪武帝は、朱子学的農本主義を採用し、モンゴル残存勢力との戦いに全力を傾けました。対モンゴル戦争に勝利し、北方の脅威から解放された三代永楽帝は、中国の歴代皇帝で初めて海に関心を向け、側近の鄭和《ていわ》を艦隊司令官として、「南海遠征」を命じます。

この「鄭和の南海遠征」とは、どのようなものだったのかを説明しましょう。

まず鄭和です。この人は漢民族ではありません。アラブ系と思われるイスラム教徒で、祖父の代から元に仕え、雲南地方の地方長官を務めていた家系です。世界帝国モンゴルはグローバリスト政権であり、高級官僚には「色目人《しきもくじん》」と呼ばれる西アジア出身者が多く採用されていました。

中華ナショナリズムの明は、モンゴルからの独立戦争の過程で色目人を殺戮し、鄭和の一家も全滅しました。少年だった鄭和は、去勢されて宦官《かんがん》として明の後宮に入り、その才覚を認めた永楽帝に重用されるようになったのです。

「南海」とは南シナ海からインド洋までを意味します。そもそも「南海遠征」という発想は、ランドパワーの漢民族からは出てきません。この地域の情報や航海技術は、鄭和がイスラム教徒のネットワークから入手したものでしょう。

次に「遠征」の意味です。この言葉からはペリーが日本に対して行ったような砲艦外交をイメージしますが、実態はまったく違います。

「鄭和艦隊」は巨大な商船隊であり、船底には陶磁器、その上には絹織物を満載して、東南アジア・インドの各港を訪問するのです。いわば移動見本市です。これらの産物を現地人に見せ、明の皇帝に朝貢するよう促すのです。「朝貢して頭を下げれば、これらの品を返礼品（下賜品《かしひん》）としてタダで与えるぞ」と誘うのです。日本の足利義満にも同じ要求をし、義満はこれに乗って永楽帝に朝貢し「日本国王」に冊封されました。唐の時代、白村江《はくすきのえ》の戦いを機に朝貢しなくなった日本を、八百年ぶりに朝貢させたことは、明の威信を高めるのに効果的でした。

明がやったことは、習近平の中国が「一帯一路」構想を打ち出し、ユーラシア諸国の港湾・鉄道・パイプラインなどインフラ開発のために、チャイナマネーをバラまいていることとオーバーラップします。

鄭和の南海遠征も、基本はバラマキです。というよりも、中華帝国の冊封自体が歴史的にバラマキそのものです。属国が書状を持ってやってきて、頭を下げて貢ぎ物を献上してきたら、中華帝国の皇帝は、その何倍もの下賜品を与えることで、自らの威光を維持してきたのです。

つまり、帝国の威光が世界に広がれば広がるほど、バラマキを続けざるを得なくなり、中華帝国の財政は悪化します。結局のところ、朱子学的な「華夷秩序」という政治の理論が、経済的合理性を上回ってしまうことを意味します。言い方を変えれば、中華帝国の威光をカネで手に入れているにすぎません。

手を広げきった明は、当然のごとく財政難を招きます。永楽帝が没すると南海遠征は中止され、三年に一度の朝貢使が五年、十年に一度になり、公的な貿易の規模が縮小していきます。すると今度は密貿易の増加を招き、武装商人が東シナ海を跋《ばっ》扈《こ》します。これが倭寇（後期倭寇）です。

対モンゴル人政策も同じことで、馬を貢がせ、その数倍の価値の絹織物を下賜することで、平和を保とうとしました（絹馬《けんば》貿易）。しかし財政難からこれも制限され、絹を求めるモンゴル人が再び北辺を侵略する結果を招きました。明はひたすら

図表4-1　鄭和の遠征は14世紀版「一帯一路」構想

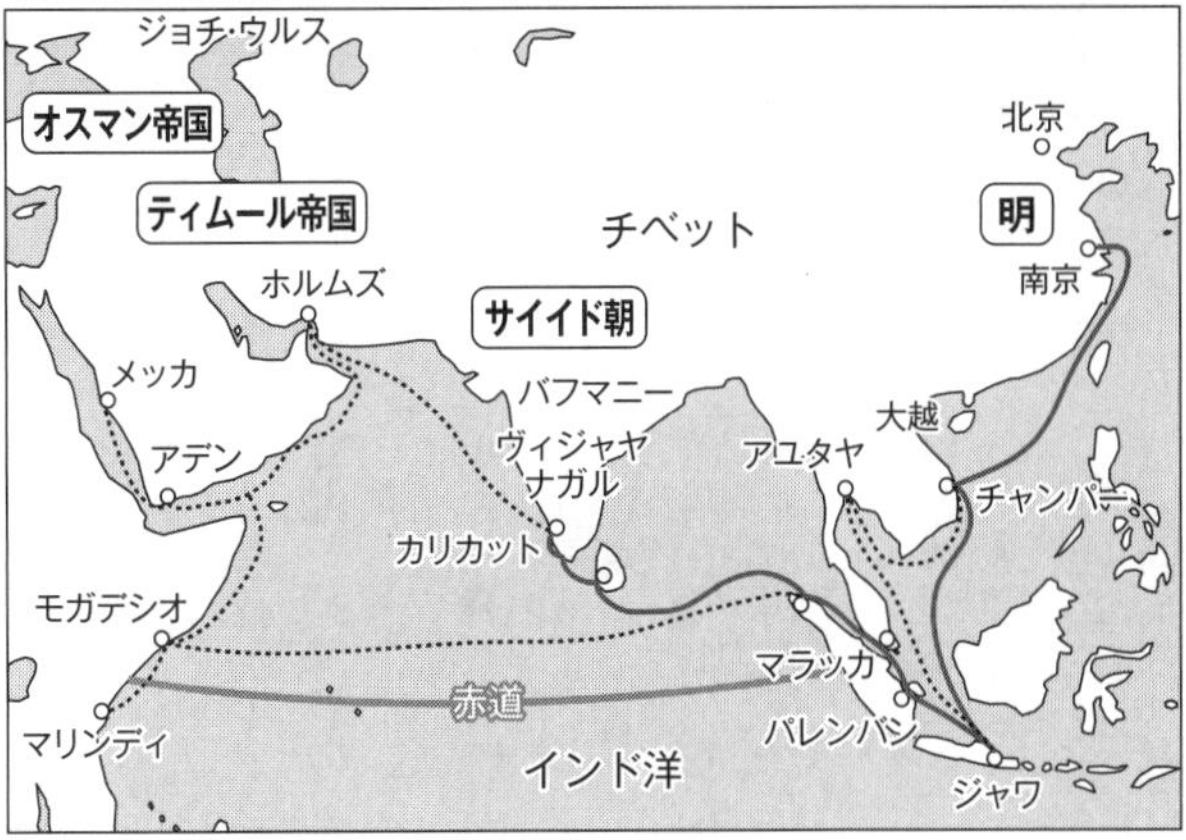

万里の長城を巨大化して立てこもり、兵力の大半を長城防衛にあてたため倭寇の取り締まりもままならず、秀吉の朝鮮出兵で援軍を送ったため財政危機を招き、増税が農民反乱を引き起こし、満州人が建てた清朝の侵攻を招いて、滅亡してしまうわけです。

清朝末期、アヘン戦争・アロー戦争でシーパワーの英・仏にボロ負けした中国は、火事場泥棒的に沿海州への領土拡張を進めるロシア帝国にも狙われ、八方ふさがりとなりました。このとき、主敵をロシアと考え、陸軍の近代化を目指すランドパワー派（塞防《さいぼう》派）と、主敵を英・仏と考えるシーパワー派（海防派）とに宮廷が分裂し、後者の中心だったのが李鴻章でした。彼は、イスラム教徒が反乱を繰り返す新疆《しんきょう》ウイグルの放棄を主張し、国防予算を海軍増強に振り向けるよう、時の実力者・西太后《せいたいこう》に提言します。これに対して、新疆遠征軍の司令官だった左宗棠《さそうとう》は猛反発し、西太后は「陸海両方の防備を整えよ」という中途半端な裁定を下しました。

李鴻章は限られた予算内で英国製の蒸気戦艦を揃《そろ》え、アジア最強と自負する「北洋艦隊」を整備しました。中国が初めて手にした近代的海軍である「北洋艦隊」は、明治日本に対する重大な脅威と映りました。

朝鮮の内政改革に端を発する日清戦争。黄海の海戦で日本の連合艦隊と会戦した北洋艦隊は壊滅的な敗北を喫し、司令官の丁汝昌《ていじょしょう》は服毒自殺に追い込まれました。兵員の練度不足と国民意識の欠如が最大の敗因といわれます。つまり兵士の大半は漢人の傭兵であり、満州人王朝の清が勝とうが負けようが、彼らにとってどうでもよかったのです。

日清戦争のとき、アメリカはまだハワイに手を伸ばしたばかりでした。もし西太后が李鴻章の海防策を全面採用していれば、中国海軍はこの段階で西太平洋への進出を果たし、フィリピンを手中に収めたかもしれません。新疆から撤退していれば、その後ウイグル問題に悩まされることもなかったのです。それができなかったのは、新疆の併合を狙うロシアの存在があったからでした。ランドパワー化とシーパワー化は両立しない、というのが中国人が学ぶべき歴史の教訓です。

シーパワー化は致命的な失策

これらの教訓から、「一帯一路」の脆弱性も明らかです。

中国共産党が経済を統制するという毛沢東の「政治の論理」をいったん棚上げした鄧小平は「改革開放」を唱えました。これは「経済の論理」を優先させ、とにかく経済成長しようという政策であり、目覚ましい成果を見せました。海洋に目を向けたのも鄧小平からで、ソ連の崩壊による「北の脅威」からの解放が、海軍の増強を可能にしました。毛沢東＝洪武帝、鄧小平＝永楽帝と考えれば、歴史が繰り返されたわけです。

ところが、明代と現代との決定的な違いがあります。明代に太平洋の向こうにあったのはアステカ王国で、海軍さえ持っていませんでした。しかしいま、太平洋の向こうにある米国は、世界最大のシーパワー国家であり、西太平洋からインド洋まで、米海軍の空母打撃群（機動部隊）が常時パトロールしているのです。

頭のいい鄧小平は、中国の海洋進出が米中対立を招くことを恐れ、米国資本を受け入れ、中国海軍が米軍の脅威にならぬよう、細心の注意を払ってきました。このスタイルを「韜光養晦《とうこうようかい》」（脳ある鷹は爪を隠す）と言い、江沢民《こうたくみん》・胡錦濤《こきんとう》までの中国指導部は、これを守ってきました。

ところが「世界第二位の経済大国になった」と自負する習近平にこのような配慮はなく、「中華民族の偉大な復興」という「政治の論理」を、経済の論理に優先させようとし始めたのです。

習近平政権のこうした傾向は、中国国内で進めているプロジェクトの現状にも象徴されます。党の威信、見せかけの実績、数字合わせのための目標達成といった政治的な論理のために、地方政府は不必要で効率の悪い投資を行い、いくつものゴーストタウンを建設しています。「一帯一路」はこれをユーラシア規模に拡大するもので、リターンの見込みのない途上国の開発計画に、湯水のようにチャイナマネーを注ぎ込んできました。その資金源として北京にオープンしたＡＩＩＢ（アジアインフラ投資銀行）は、日米が主導するアジア開発銀行の審査を通らないような「危ない物件」にじゃぶじゃぶと投資し、返済が滞ると担保として港湾などの租借権を確保する。こうして中国海軍は、ミャンマー、スリランカ、パキスタン、ギリシアにまでその触手を伸ばしているのです。これは当然、米国・日本・インド・欧州諸国をも警戒させています。

日本国内ではＡＩＩＢを賞賛し、「バスに乗り遅れるな！」「日本だけが孤立する」という論調がマスメディアを賑わせました。しかし安倍政権は、こうした「中国の夢」「一帯一路」の路線を非常に危機的な傾向として受け止め、米国とともにＡＩＩＢへの参加を見送りました。あてにしたジャパンマネーは入ってこず、融資の焦げつきが多発するＡＩＩＢ。「一帯一路」計画がうまくいかない本質的な理由は、「偉大な中華民族」という習近平政権の「上から目線」にあるのではないでしょうか。これもまた、明王朝が官学とした朱子学的思考の「負の遺産」です。もっと下手に出て経済協力に徹したほうが、結果的に中国の影響力を拡大できていたでしょう。

ウイグルやチベットでもそうです。武力弾圧して世界から批判を浴びるくらいなら、彼らに名目的な独立を与えて、軍事協定・経済協定を結べばよいのです。ソ連崩壊で、「〇〇スタン」と呼ばれる中央アジアの国々は独立国家となりました。しかし、いまでもロシアの強い影響下にあります。そうしなければ、経済が立ち行かないからです。しかし、中国共産党は自らの「偉大さ」にこだわって傲慢な姿勢を崩さず、少数民族を弾圧し、周辺国にもほとんど味方がいなくなり、四方八方が敵だらけになってしまったのです。

中国はせっかく経済成長したのに、むしろ求心力を失い、そのうえ米国と全面対決の様相を呈してきました。もはや四面楚歌の状況です。「孫子の兵法」の「戦わずして勝つを最善とする」を実践し、謀略と宣伝を得意としてきたはずの中国。これは、実は弱者の生き残り戦術だったのです。「大国」を自負するようになった習近平の中国は、謀略戦、宣伝戦では負け続けています。

統一朝鮮と「中国の夢」

明朝以来のシーパワー化を志向し、国際秩序に正面から挑んでいる中国。その戦略が招く将来像はどうなるのか、まずは朝鮮半島との関係から見ていきましょう。

鄧小平の「改革開放」がもたらした経済成長は、朝鮮半島に対する強力な交渉カードとなりました。ソ連の崩壊でスポンサーを失った北朝鮮には、パチンコマネーなど在日朝鮮人からの献金と技術供与が国家運営を支えました。日本海を結ぶ定期便の万景峰号《マンギョンボン》を通じて在日朝鮮人に送金させ、軍事に転用できる技術を入手することで、国内のリソースが少ないなかでも競争力を維持してきたのです。

ところが、中国の経済成長で事情が一変します。鴨緑江《おうりょくこう》の国境から、直接資金も技術も北朝鮮側に流れるようになったのです。この結果、日本が経済制裁を行っても効き目がなくなってしまったのです。

中国はこのルートを利用し、北朝鮮を手なずけます。もちろん、疑り深い北朝鮮が簡単に中国の意図に従うわけではありませんが、カネと物資を握っている中国は、「北朝鮮を動かせる国」と自負するようになりました。実際に中朝貿易を仕切ってきたのは北京政府ではなく、旧満州と内モンゴルを統括する人民解放軍の北部戦区（瀋陽《しんよう》軍区）です。人民解放軍は各戦区が独立採算制で、貿易からブタの飼育まで軍が行っているのです。キム一族の核とミサイル開発を間接的に支えた責任の一端は、間違いなく北部戦区にあるのです。この中朝交渉で北朝鮮側のカウンターパートとなったのが、張成沢《チャンソンテク》と金正男《キムジョンナム》でした。

ややこしいことに、中国共産党内部の派閥抗争がこれに加わります。北部戦区は江沢民（元国家主席）が率いる上海閥と結びついています。習近平は「汚職撲滅」を名目に上海閥の党幹部を次々に粛清、左遷してきました。習近平から見れば、政敵の上海閥＝北部戦区とつながりのある北朝鮮も「敵」となります。

習近平政権になってから中朝関係が一気に冷え込み、金正恩《キムジョンウン》が「親中派」の張成沢と金正男を粛清・暗殺した背景には、中国国内での権力闘争があったのです。

韓国に対しては一九九二年に国交を結び、市場開放という形で経済成長の果実を分け与えることで、親米一辺倒だった韓国を少しずつたぐり寄せます。あたかも、中国が再びランドパワーの宗主国《そうしゅこく》として属国の韓国に返礼品を与えるように見えますが、実際はもっとしたたかです。

当初は魅力的なマーケットと安価な労働力をアピールして韓国や日本、欧米の企業を呼び込みます。その技術やノウハウを吸収して国内企業が育成されると、外国企業にはあれこれ圧力をかけて中国から出ていくように仕向けます。よく使われるのが、税務調査で追徴課税する、中国人労働者にストをやらせる、という方法です。そもそも許認可権は中国共産党が握り、裁判所も中国共産党の傘下にあるので、外国企業は対抗できません。

生き残れるのは、中国企業には生産できない高付加価値品を供給できる企業だけです。韓国が米国のTHAAD《サード》ミサイルを配備したことに対する圧力として、韓国財閥系の小売業が中国市場から追い出されましたが、小売業などは中国側で十分やっていけるので、韓国企業は「用済み」となったのです。日本企業も同じような目にあっています。すでに日本企業は、中国から東南アジアへの工場の移転を急ピッチで進めています。「これからわが社も中国進出」などと考えている経営者は、情報弱者と言うべきでしょう。

北朝鮮が主導する「統一朝鮮」は、中国に対してより距離を置くと考えられます。もちろん国力の大きさが違いすぎますから、中国とあからさまな敵対関係になることは避けるでしょう。しかし鴨緑江の北に展開する中国人民解放軍は、朝鮮半島に侵攻しうる唯一の地上部隊です。これに対する抑止力として、北朝鮮の核ミサイルの射程圏に北京が入っていることが意味を持つのです。

中国から見れば、「統一朝鮮」を軍事制圧することは北京への核攻撃というリスクを伴います。だから統一は邪魔せず、少なくとも「統一朝鮮」が米国の同盟国にならぬよう「中立化」させ、安全保障上の緩衝地帯にするでしょう。

共産党政権崩壊の火種は「朝鮮族自治州」問題

統一朝鮮の登場が中国の火種となるリスクもあります。日本ではあまり関心を持たれていませんが、中朝国境の中国側、鴨緑江の北側の吉林《きつりん》省にある「延辺《えんぺん》朝鮮族自治州」の存在です。

中朝国境の中央からやや東寄りに白頭《はくとう》（ペクト）山という美しい活火山があります。朝鮮民族の伝説的始祖である檀君《だんくん》が、国を開いたとされる聖地です。その周辺部は満州族の居住地でしたが、清の時代から朝鮮人の開拓民が入り込み、やがて朝鮮人の居留地になりました。

白頭山から南西に流れるのは鴨緑江、北東に流れるのが豆満江《とまん》です。この豆満江の北側を「間島《かんとう》」と呼ぶので、中朝国境問題を「間島問題」と呼びます。日露戦争後、韓国を保護国化した日本は、清との間で間島協約を結び（一九〇九年）、豆満江を国境として間島を清の領土と認めます。中華民国もこの協約を引き継ぎますが、満州事変（一九三一年）で豆満江の北の満州全土も日本軍の占領下に置かれたため、間島の領土問題は消滅しました。この時代、「大日本帝国臣民」となった朝鮮人は中国人を見下す態度を取るものが多く、中国人からは「日本帝国主義の手先」として反感を買ったようです。

一九四五年、日本軍が撤退したあとの満州には中国人民解放軍が侵攻し、間島の朝鮮人居住区は中華人民共和国の領土、「延辺朝鮮族自治州」となります。金日成《キムイルソン》はこれに不満でしたが、朝鮮戦争で毛沢東に助けてもらったという経緯から何も言

図表4-2　中朝国境「延辺朝鮮族自治州」

えなかったのです。

中国における少数民族の「自治」とは名ばかりで、実際には北京から派遣される中国共産党の幹部が独裁権力を握っています。これは、延辺でもチベットでも同じことです。現在は人口二一〇万人のうち、三分の一以上が朝鮮語を話す朝鮮系の人々です。彼らは吉林《きつりん》省全体にも広がっています。

延辺の朝鮮人は、中国と北朝鮮、中国と韓国、あるいは中間的な立場を利用して韓国と北朝鮮とのパイプ役としても活動し、北部戦区にも食い込んできました。北朝鮮への経済制裁が強まるなか、非合法活動に関与している者もいるといわれています。すでに韓国内には彼らのコミュニティーがありますが、「統一朝鮮」の出現が朝鮮ナショナリズムを刺激し、延辺の朝鮮人とも呼応して、中国政府にとっては好ましくない事態が生じるリスクがあります。

中国共産党というより習近平政権が崩壊する、もっともリスクの高いシナリオは、経済成長が行き詰まり、人民解放軍の各戦区の統率の乱れから、国内が諸勢力に分割されることです。延辺の朝鮮人独立運動が「統一朝鮮」と結びつけば、半島から延辺まで含む「大朝鮮」が出現します。逆に人民解放軍の北部戦区と結びつけば、満州が再び独立国になる可能性もあります。この地域は古代には高句麗が支配した地域ですので、「高句麗はわが祖先」という韓国側のプロパガンダは、この地域の領有問題と絡んでくるのです。北京政府がこれを阻止できなければ、チベット・ウイグル・内モンゴルの独立運動にも火がつき、他の戦区も独立の動きを強めて、中華人民共和国は解体します。

中国による「沖縄の属国視」にどう反論するか？

中国は日本やインドに対して、韓国のような「属国待遇」をしませんが、これは歴史上「中華の圏外」にいて中国の支配が届かなかったからです。「夷狄《いてき》」「化外《けがい》の地」として認識しているのです。

一方、ベトナムは漢の武帝時代に中華圏の一部となっていたため、朝鮮半島と「同等」の扱いを受けます。中国側から見た場合、ひとくちに属国といっても、次の二つのレベルが存在します。

A．中華帝国の軍隊によって占領された属国
B．儀礼的な君臣関係を結んだ属国（冊封国）

半島国家の朝鮮とベトナムはAです。漢の武帝以来、何度も中華帝国の軍隊に侵略されています。侵略を避けるため、進んで朝貢し、臣下として冊封を受けてきたのです。シーパワーの日本や琉球、ベトナム以外の東南アジア諸国が、貿易の利益を求めて朝貢し、Bの待遇を受けたのとは動機が違うのです。

両者を混同することは、日本にとっても困った事態になりかねません。沖縄は琉球王国時代に明に朝貢し、薩摩藩に占領されていた江戸時代も、明・清から冊封を受けていました。朝貢貿易の利益を確保するため、薩摩藩はこれを黙認していたの

です。

日本で保守派の論客が強調する「朝鮮は中国の属国論」を中国側が逆手にとって、「琉球は中国の属国論」を展開すれば、尖閣を含む沖縄領有権問題に火がつくおそれがあるのです。すでに中国国営メディアは、明治政府による琉球王国併合に疑義を呈しています。「中華帝国は沖縄を軍事占領したことはない。朝鮮とは違う」ことを強調しておきたいと思います。

永楽帝以来のシーパワー化は成功するか?

中国側から見ると、太平洋へ直接出ることはできません。日本列島に囲まれた日本海、沖縄・台湾に囲まれた東シナ海、フィリピン・マレーシア・ベトナムに囲まれた南シナ海が存在し、横須賀を母港とする米海軍の第七艦隊が展開して、中国海軍の進出を阻んでいます。米軍が駐留し、あるいは米国と同盟関係にある国々が、あたかも中国の野望に「フタ」をしているかのようです。その先には、グアムやハワイなど米海軍の本拠地が控えています(図表4－3)。

そこに、米軍を世界中から撤退させたいというトランプ大統領が現れ、中国には

図表4-3　中国が狙う「海への出口」

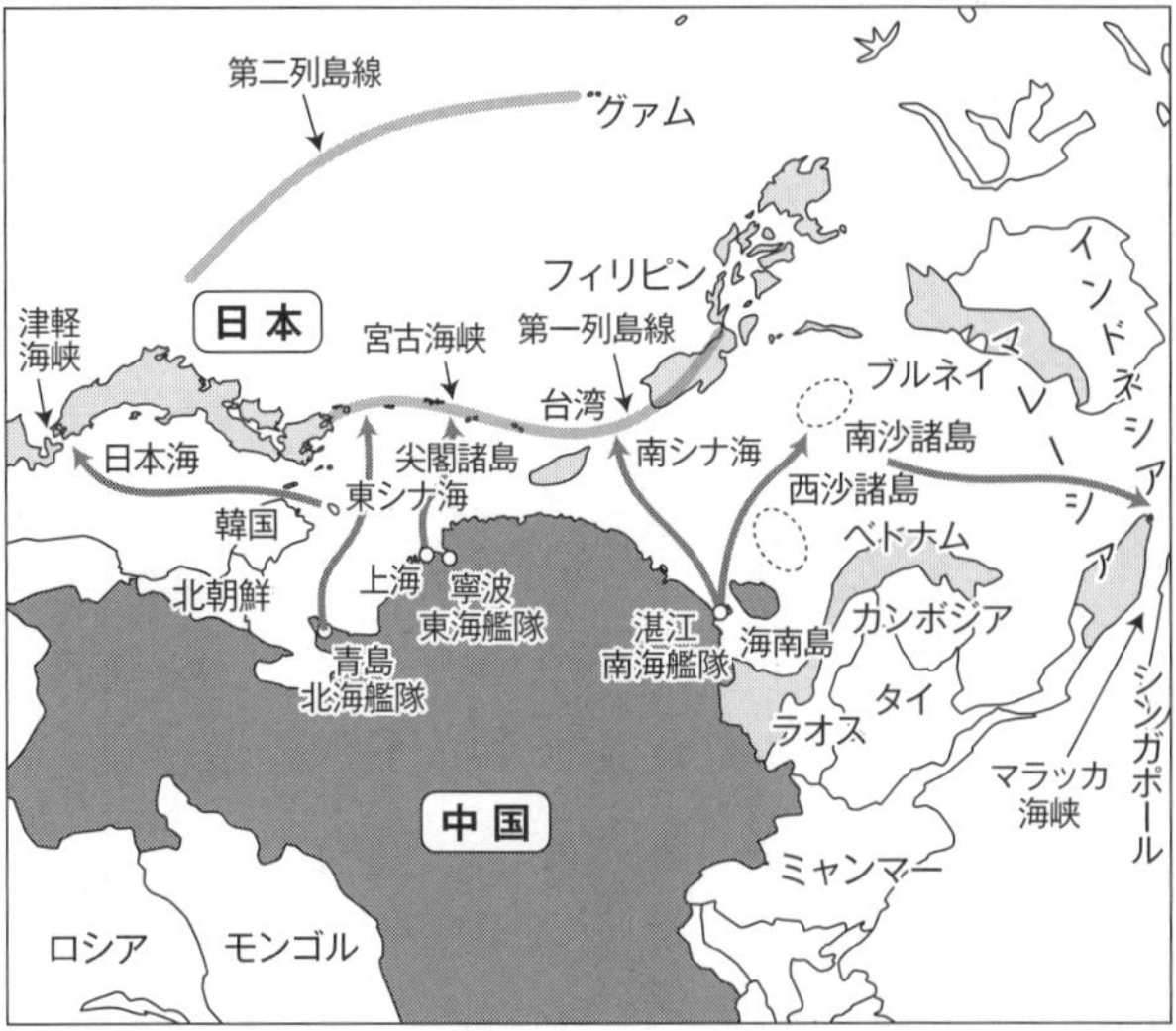

大きなチャンスがやってきたかのように見えました。事実上の終身体制を確立した習近平は、米国トランプ政権の撤収戦略に乗じて、経済成長で蓄えた力を海軍増強に注ぎ込み、新たな中華帝国を確立しようとしています。統一朝鮮に対しても、日本、台湾そして東南アジア諸国に対しても、攻勢を強めてくるでしょう。南シナ海への人工島建設をはじめとする海洋進出と、年間七％もの勢いで増え続ける軍事費の増大を進め、各国内部では親中勢力を支援し、それぞれの国論に影響を与えよう

としています（台湾については第五章で説明します）。

歴史カードで「日韓離間」「日米離間」を図るが逆効果に

中国の新たなシーパワー戦略が日本にどのような影響を及ぼすのか、ひとまず二つのポイントを指摘しておきましょう。

まず中国は、日韓・日朝の分断を望みます。朝鮮半島を米国や日本から離間させ、中国にとって便利なカードとして利用したいという考えは、統一朝鮮の出現でより強まるでしょう。そこで中国が持ち出すのが、朝鮮民族を麻痺《まひ》させる「歴史カード」です。

習近平政権は、伊藤博文暗殺事件が起こったハルビン駅に「安重根《あんじゆうこん》記念館」をつくり、大韓民国臨時政府の旧跡を整備しました。朴槿恵《パククネ》大統領を北京で開催された「抗日戦争勝利七十周年記念軍事パレード」で、プーチンと同格の主賓待遇で天安門のひな壇に立たせ、韓国を戦勝国扱いする心づかいを示しました。日本と戦ったのは蔣介石の国民政府でしたし、韓国は当時日本領ですから、歴史認識がめちゃくちゃなのですが、史実の整合性よりも、歴史問題で日韓を争わせておくことのほうが重要なのです。

中国の「反日」は天安門事件で求心力を失った共産党政権が一九九〇年代に始めたもので、きわめて現実的かつ戦略的です。対米関係が悪化するとあっさり「反日」姿勢をやめ、韓国の文在寅《ムンジェイン》政権が北朝鮮にすり寄ると、ハルビン駅の安重根記念館を閉鎖したり、朝鮮人抗日独立運動家を称える施設を「何者かが」荒らしたりします。

日本に対しても歴史カードは大きな成果を生んできました。中国の指導者が「歴史に学べ」と説教を垂れれば、日本の歴代首相はこうべを垂れ、「過去の戦争に対する謝罪と反省」と「平和憲法の擁護」を繰り返してきたのです。ところが小泉政権下で起こった反日暴動で日系スーパーが焼き討ちされ、民主党菅直人政権時に中国漁船による海上保安庁巡視船への衝突事件（二〇一〇年）が起こると、日本人は覚醒しました。中国（胡錦濤政権）の恫喝に屈して中国人船長を釈放した日本政府の弱腰に、日本の世論は沸騰しました。「中国＝平和勢力」という神話が完全に崩壊したのです。

この世論の変化が安倍政権の登場を後押しし、安倍・トランプの日米同盟が強化され、習近平の膨張政策に対する歯止めとして機能してきたのは、皮肉なことです。こうして考えれば、安倍政権による集団的自衛権の容認も、憲法九条の改正も、すべて中国の新たな世界秩序を妨害する政策となるのです。

「琉球独立」問題と中国

日本国内で唯一、中国の宣伝工作が効果を発揮している地域があります。沖縄です。多くの米軍基地を抱え、騒音問題や米兵による犯罪も少なくない沖縄では、反米基地闘争が常に一定の支持を得てきました。民主党の鳩山由紀夫首相が、米海兵隊の普天間基地を辺野古へ移転するという日米合意に反対し、日米関係を悪化させたことは、中国の日米離間工作のもっとも成功した事例でした。この鳩山由紀夫という人は元首相としてお元気ですが、本人が自覚しているかどうかはともかく、常に中国共産党の意向に沿い、日米を離間させようとする発言を続けています。

私が習近平なら、鳩山のような親中派や沖縄の反米運動を積極的に支援するでしょう。

「平和を求める沖縄の人たちvs日米同盟」という図式をつくって反基地運動を高揚

させ、米軍を撤収させるのです。この戦略は、一九九〇年代にフィリピンで成功しています。在比米軍の撤収により、中国は南沙諸島を手に入れることができたのです。二〇一四年に、フィリピンが米軍を引き戻しましたが、あとの祭りです。

トランプ政権の登場で、中長期的には在沖縄米軍が縮小する可能性が出てきました。米国は当然、抜けた穴を日本の自衛隊に担ってほしいと考えます。地域の戦略的バランスを考えるなら、それしか手はありません。いつまで米国に「占領」され続けるのかという沖縄の声に対しては、今後は日本人が沖縄を守るという形で応えることもできます。言うまでもなく、自衛隊員は日本人だからです。米軍の代わりに自衛隊に来られては、中国にとっては迷惑です。米軍よりも防衛力が強化されてしまうリスクもあるからです。

そこで中国は「沖縄対日本」、あるいは「沖縄対東京の政府」という構図を描き、「沖縄」への投資という形で資金援助するでしょう。このとき持ち出されるのが、「かつて琉球王国は中華帝国の属国だった」という論理です。まだ少数ですが沖縄国際大学や琉球大学には「琉球独立」を叫ぶ勢力もあり、二〇一六年には北京で開かれた「琉球・沖縄最先端問題国際学術会議」に参加し、「琉球独立」「米軍基地撤退」に関する論文を発表しています。中国が反基地闘争に手を貸すメリットは十分にあると考えるべきでしょう。

「虎の尾」を踏んだ習近平

地政学の考え方で言えば、「敵の敵は味方」。現在の中国が手を組みやすい国は、日本と対立する韓国、インドと対立するパキスタン、ベトナムと敵対するカンボジアやラオス、あるいは遠く離れて直接の利害関係のないドイツ・イタリア、アフリカ諸国などです。実際にそれらの国くらいしか良好な関係を保てておらず、AIIBに参加表明して経済力で手なずけられそうだった英国やフランスは中国から離れ、むしろ日本との軍事協力を強化しつつあります。国際的に孤立したこの状況で、今度はシーパワーまで目指そうというのです。

内向きになったとはいえ、米国は依然として世界最大の軍事大国であり、経済大国です。海軍力を考えれば、米海軍は一〇個の空母打撃群を同時に運用できますが、中国海軍はようやくウクライナから中古で買った練習用空母「遼寧」を浮かべ、国産空母の運用を始めた段階です。習近平は明らかにこの点を読み間違えて自らの夢に酔い、米国の「虎の尾」を踏んでしまったのです。

二〇一八年十月四日、トランプ政権のペンス副大統領は、米国のハドソン研究所で講演し、対中関係についてのトランプ政権の方針を明らかにしました。その内容に、世界は驚愕しました。

・中国を市場経済に誘導すれば民主化するだろうという、これまでの対中政策が誤っていた。
・中国は経済成長を軍拡に注ぎ込み、日本や東南アジア諸国にとって重大な脅威となっている。
・中国は、国内では人権抑圧を続け、特にウイグルのイスラム教徒に対する弾圧は目に余る。
・中国は、不当な関税、不公正な為替操作、知的財産権の侵害などで米国に不利益をもたらした。
・中国は米国の国内政治に介入し、企業や政治家、ジャーナリストを買収している。
・中国は別の大統領を望んでいるようだが、トランプ大統領の指導力は揺るぎない。

このペンス演説は、「米中冷戦」の開幕を告げるものとして、歴史に刻まれるでしょう。これを受けて、トランプ大統領は中国製品に対する関税を引き上げ、「米中貿易戦争」を発動したのです。これは単に、選挙目当てで米国の製造業を守るために始めたのではありません。「中国という新たな覇権国家が西太平洋地域を支配することを、アメリカは許さない」という国家意思の表れなのです。

「共産党帝国」崩壊のシナリオ

現在の中国を支配する中国共産党は、習近平体制の終身化によってまさに王朝化しつつあります。これには党内でも反発があるようですが、やはり歴代王朝と同じように崩壊すると予想します。米国も日本も、その他の多くの国々も、中国と戦争することはあまりにもコストが大きいので避けたいでしょう。国内から自壊してくれるのがベストなのです。

自らを経済成長させてくれた米国中心のグローバリズムに反旗を翻した時点で――私はこれをIMFに対抗するAIIBの設立と考えますが――中国の成長は大きく損なわれます。経済の不調は国内不安を招いて中央権力の統率力、求心力低下へと結びつきます。かつて旧ソ連を崩壊に導いたきっかけがバルト三国の独立だっ

図表4-4　中国人民解放軍「5つの戦区管轄域」

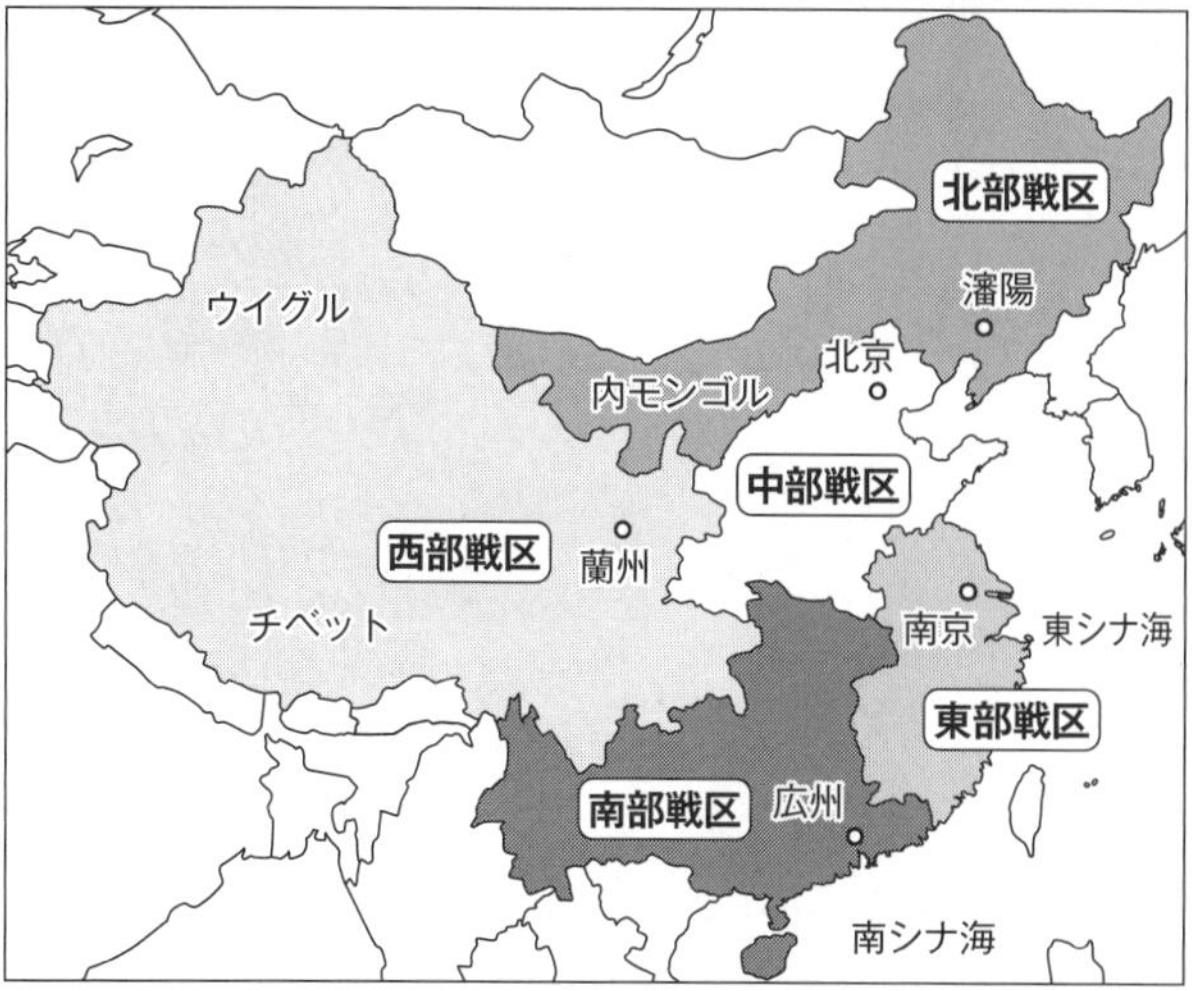

たように、ウイグルやチベットなどのコントロールが緩み始め、いずれ軍事的にも財政的にも背負いきれなくなります。

そもそも中国は一四億の人口を抱え、広大な国土で、文化も言葉も人種もさまざまで、独裁以外に統制が難しいのです。同じ漢民族でも、上海・天津など沿海部の豊かな人々は、なぜわれわれの税金で内陸の貧しい人間を支えなければならないのか、という疑問を抱き始めます。

こうして、地域対立はやがて国家の分割を招き、緩やかな連邦制、もしくは完全に別の国として歩んでいくという流れになるのではないでしょうか。これを武力で押さえ込めば天安門事件の再発、独立を認める方向に向かえばソ連解体と同じ道を歩むでしょう。解体後の中国の混乱を収拾するのは軍事力です。現在、五つに分かれている戦区の境界が、将来の国境になる可能性があります（図表4－4）。

中国の歴史は結局、それぞれの王朝が中華帝国の栄光を誇り、その体制を維持するために非合理的な政策を取り続けたので国力が弱体化し、次の王朝に滅ぼされていくことを繰り返してきました。米国やその同盟国まで敵に回した習近平が、歴史に学んで「中国の夢」を捨てることはできるでしょうか。

それが難しい以上、中国共産党体制の行く末は見えてきます。中華人民共和国の解体は、中国共産党政権にとっては悪夢ですが、漢民族・少数民族を問わず中国の人民にとっては、北京の独裁政権から地域の主権を取り戻し、より民主的な政府を樹立することは、悪いことではありません。

第五章

台湾の戦略

シーパワー連合の要となる親日国

清まで台湾を併合できなかった

ＴＰＰ（環太平洋パートナーシップ）を基盤とする「海洋アジア連合」――日・米・ＡＳＥＡＮ・豪州・ニュージーランド・インド――の中核となるべき国が台湾です。台湾は歴史的に大陸チャイナとは一線を画し、シーパワー陣営に属してきました。

あまり知られていないことですが、秦の始皇帝も、漢の武帝も、元のフビライも、明の永楽帝も、台湾を支配していません。歴代の中華帝国は、台湾を占領できるだけの海軍力を持たなかったからです。台湾の山岳部に住む先住民（高山族）はフィリピン先住民やポリネシアの人々と同じ文化圏に属し、狩猟や焼畑で生計を立ててきました。

大航海時代、日本との交易拠点としてオランダ人が住み着き、西欧式の城塞を築きます。このゼーランディア城の遺跡は、台南にいまも残っています。対岸の福建省はリアス式海岸が続いているため、倭寇や南洋華僑の本拠地となり、華北に生まれたランドパワー漢民族とは異質の文化圏を育んできました。明は、福建の大倭寇・鄭芝龍《ていしりゅう》を懐柔して海軍司令官に任じ、福建の統治を任せました。日本との交易で莫大な富を手にし、三〇〇〇隻の艦隊を動員できた鄭芝龍が、九州の平戸で日本人妻に産ませたのが鄭成功《せいこう》です。

明が崩壊して満州人の清が大陸を席巻したとき、父の鄭芝龍は清軍に抵抗したため捕らわれて殺され、母は自害しました。息子の鄭成功は、艦隊を率いて台湾に逃れ、オランダ人からゼーランディア城を奪って独立政権を立てた直後に熱病で急死しました。その子、孫と鄭氏三代にわたる「鄭氏台湾」が台湾における初の独立国家であり、鄭成功は台湾の英雄として語り伝えられ、台南には、「成功大学」や「成功通り」があります。

海軍を持たないランドパワー帝国・清の康熙《こうき》帝は、経済制裁で鄭氏台湾を締め上げました。対岸の浙江・福建・広東の沿海部の住民を、内陸に強制移住させるという遷界令《せんかい》を発したのです。鄭氏台湾の財源は、中国本土と日本との中継貿易だったからです。直接攻めなくても、経済的に屈服させる。このやり方は、いまの中国も踏襲しています。ついに鄭氏台湾は屈し、清は台湾を初めて中華帝国に併合したのです。

福建からの移住者が平野部に流入しましたが、「首刈り族」と恐れられた先住民の抵抗や、風土病のマラリアに妨げられて、開拓が遅々として進まぬまま日清戦争を迎えます。

日本の台湾統治

下関講和会議（一八九五年）で、遼東半島の割譲には激しく抵抗した清の李鴻章《りこうしょう》も、台湾の割譲にはあっさり応じました。利用価値がない未開の島と判断したからです。日本政府内にも、台湾をもらっても困るから米国に売ってしまえ、という意見があったほどです。

しかし日本は、半世紀にわたって台湾に莫大な投資を行い、マラリアを駆逐し、アヘンを撲滅し、ダムをつくり、水田を開発し、サトウキビ栽培を教え、水道・電気を引き、住民を教育しました。初めは抵抗していた先住民も、教育を通じて「大日本帝国臣民」となり、大東亜戦争では「高砂義勇軍」を組織して、ジャングルでの戦いで日本軍を大いに助けました。福建出身の住民も日本化が進み、大陸とは別の「台湾人意識」が形成されていきます。

すべてが順調だったわけではありません。日本語教育を受けた先住民の若きリーダーが、部族の誇りをかけて反乱を起こし、日本人を殺傷したこともありました。この霧社《むしゃ》事件（一九三〇年）は、台湾で映画化されました（『セデック・バレ』）。反日映画というわけではなく、日本側と先住民側から事件の経過を淡々と追い、異文化交流の難しさを描いています。

この間、大陸では清朝が崩壊して中華民国が成立（一九一二年）していました。中華民国を率いる蔣介石は、日本統治下で近代化に成功した台湾を見て、「中国に返還せよ」と言い出します。一度も台湾を実効支配していない中華民国が「返還」を要求するのは奇妙な話ですが、大戦末期のカイロ宣言、ポツダム宣言で米・英が蔣介石の要求を認めてしまったことから、台湾の運命が決しました。

蔣介石による知識人大量処刑

一九四五年、撤退する日本軍と入れ違いに、「解放軍」として入ってきたのが蔣介石の軍隊でした。台湾では一九四五年以前の日本統治時代からの台湾住民を「本《ほん》省《しょう》人」、蔣介石軍とともに大陸から渡ってきた住民を「外省人《がいしょうじん》」と呼んで区別します。両者は言語も生活習慣も違い、たちまち軋轢《あつれき》が生じました。本省人の言語は福建の閩南語《びんなん》で、大陸の標準語である北京語とは漢字表記こそ一緒ですが、その発音はイタリア語とスペイン語くらい違うのです。

一九四七年、闇タバコの取り締まりに端を発した本省人の大暴動（二・二八事件）が発生します。蔣介石はこれを武力弾圧し、どさくさまぎれに日本時代の教育を受けた知識人を大量処刑しました。さらに戒厳令を敷いて言論の自由を奪い、中国国民党の独裁体制を確立したのです。このときの記憶はいまも台湾の人々に傷跡として残り、「日本統治時代のほうがまだよかった」という感情になっているのです。

このころ、大陸では国共内戦が激化し、蔣介石の中華民国国民政府は首都・南京を共産軍に攻略され、台湾へ脱出しました。北京では共産党の毛沢東が中華人民共和国を建国し、台湾に亡命している中華民国の正統性を否定したのです。これが毛沢東の「一つの中国」論で、いまも北京政府は台湾を国家として認めていません。

朝鮮戦争で米中が激突すると、米国は台湾の蔣介石を軍事援助しました。毛沢東は人民解放軍を動員して台湾を攻撃しますが、金門島の戦いで大敗します。このとき、蔣介石軍の参謀として指揮をとったのは、旧日本軍の根本博中将でした。

日本敗戦時、北支那方面軍司令官だった根本中将は、軍民合わせて六〇〇万人の日本人が安全に帰国できるよう、蔣介石と交渉して便宜を図ってもらいました。このため、ソ連軍が侵攻した満州や朝鮮のような悲劇は、中国本土では起こらなかったのです。これに恩義を感じていた根本中将は、中共軍の侵攻で窮地に陥った蔣介石を助けるため、家族には「釣りに行ってくる」と言い残し、小舟で台湾に渡ったのです。

蔣介石は中共軍を撃退し、台湾の独立を守りました。しかし、あくまで外省人が建てた「中華民国」としての独立であり、本省人から見れば、よそ者の独裁政権でした。総統（大統領）の地位は世襲され、国会議員の選挙もなく、大陸で選ばれた議員が「終身議員」として立法権を握っていました。東西冷戦の中で、米国はこれらを黙認していました。

流れが変わったのは一九七〇年代です。ベトナム戦争の泥沼から脱するため、米国のニクソン大統領が訪中を機に中国封じ込め政策を転換し、米中が接近してソ連に対峙する時代になったからです。台湾は利用価値がなくなり、切り捨てられました。国連総会の決議により中国代表権が中華民国から中華人民共和国に交替し、安保理常任理事国の地位も北京政府に奪われました。

日本の田中角栄首相も北京へ飛んで「日中国交正常化」を行い、台湾の中華民国とは断交しました。日米ともに、大陸市場に早く進出したい財界の意向に政府が引きずられる形になりました。

李登輝が台湾民主化を達成

米国の支援を失った台湾の国民党政権は、本省人からの民主化要求に抗しきれなくなりました。蔣介石亡《な》き後、総統の地位を継いだ息子の蔣経国《けいこく》は決断します。一九八七年に戒厳令を解除して野党の結成も認め、本省人で、京都大学に学んだ農業官僚の李登輝《りとうき》を後継者に指名したのです。総統となった李登輝は台湾初の国会議員選挙を実施し、九六年には自らの再選を目指して初の総統選挙を実施して勝利しました。台湾を民主化したのです。

中国は焦ります。第一に、台湾の民主化が中国本土の民主化運動を刺激することを恐れ、第二に台湾独立がチベット・ウイグルなどの少数民族独立運動に飛び火することを恐れたのです。総統選挙を阻止するため、中国海軍が台湾海峡でミサイル発射訓練を行い、米軍は空母二隻を派遣して中国軍を監視しました。

一九九六年に台湾が民主化されたとき、西側諸国は台湾を国家承認すべきでした。しかし米国のクリントン政権も、日本の橋本龍太郎内閣（旧田中派）も揃《そろ》って親中派であり、中国進出企業からの献金でズブズブになっていたため、台湾を無視し続けたのです。

中国は学習しました。台湾に対して軍事的圧力は効果がない。孫子の兵法的に「戦わずして勝つ」ことを考えるべきだと。これ以後、中国は台湾企業を破格の条件でさかんに誘致し、中国で儲けさせ、台湾の独立に反対する方向へと誘導したのです。本省人の企業でも、儲け話は断れません。企業献金を受け取る台湾の政治家、広告収入が欲しい台湾のマスメディアも、チャイナマネーに麻痺《まひ》させられていきました。人口では圧倒的多数を占める本省人が、必ずしも「台湾独立」で足並みが揃わないのはそういうわけです。

台湾の二大政党「民進党」と「国民党」

台湾では李登輝の民主化以降、暴力ではなく選挙によって政権が交代してきました。これは賞賛すべきことです。台湾の二大政党について、ざっとお話ししましょう。

国民党の馬英九《ばえいきゅう》総統は、中国とのサービス貿易協定の批准を強行しようとしました。これは、台湾の中小企業を犠牲にし、中国依存をますます強めるだけだという大規模な反対運動が起こり、大学生や市民が国会を占拠する事件を引き起こしました。この様子はネットで生配信され、ひまわりがシンボルに使われたため、「ひまわり学生運動」と呼ばれました（二〇一四年）。馬英九政権は協定を断念して失速し、二〇一六年の総統選挙で、国際経済法学者出身の蔡英文《さいえいぶん》が、初の女性総統に選ばれたのです。

この年は、香港でも大規模な反中国デモが起こり、催涙ガスに雨傘で対抗したので「雨傘学生運動」と呼ばれました。中国は、共産党政権下の自由経済という香港の「一国二制度」を、併合後の台湾にも導入しようと考えており、香港と台湾の若者が、「反中共」で連帯する構図となったのです。

それ以降、米中貿易戦争の間で揺れ動く台湾。蔡英文政権は、現状維持派に気をつかって「独立」に踏み出せず、地方選挙の大敗の責任を負った蔡英文総統は二〇一八年、民進党党首を辞任しました。

二〇二〇年の総統選挙は、国民党による政権奪回のチャンスであり、台湾に親中派政権を立てようとする中国にとっても好機でした。日本企業のシャープを買収し

図表5-1　台湾の二大政党

中国国民党

- 外省人の政党として出発。
- 李登輝の民主化で本省人にも支持を拡大。
- 財界とマスメディアの多くが支持している。
- 官僚機構を配下に抑え、現実的な経済運営に定評。
- 対中関係を重視して独立に反対。
- 台湾の将来像については、明確なビジョンを持たない。

VS

民進党（民主進歩党）

- 台南を拠点とし、独立志向の強い本省人の政党。
- メンバーは国民党独裁時代の民主化運動家や学者、弁護士が多い。
- 非常に理想主義的で、経済政策など政権担当能力に「？」がつくのが特徴。
- 陳水扁《ちんすいへん》、蔡英文《さいえいぶん》の二人の総統を出した。

て有名になった台湾企業・ホンハイ（鴻海）の郭台銘《かくたいめい》会長（英名：テリー・ゴウ）が国民党から総統選挙への出馬を目指しましたが、党内の予備選挙で敗れて断念しました。

　ホンハイが急成長したのは、中国本土に多くの工場を進出させ、安い労働力を確保したからです。ホンハイが雇用している中国人労働者は、約一〇〇万人に達しています。当然のことながら、中国共産党の指導部とは良好な関係です。外省人の二世である郭台銘会長は、ひまわり学生運動について、「民主主義はＧＤＰに何の役にも立たない」と論評する一方、習近平国家主席の「中国の夢」については、「中華の血が沸き立つ」と絶賛しています。このような人物が台湾総統に選ばれれば、東アジアのパワーバランスへの影響は避けられなかったのです。

トランプ政権が台湾に急接近

中国封じ込めに転じたトランプ政権は、台湾を中国から引き離すことに必死でした。米国は一九七九年にカーター政権が台湾と断交して以来、台湾関係法を制定して武器供与を可能にし、また大使館の機能を持つ米国在台湾協会を台北に残して在留米人の便宜を図る一方で、政府要人の相互訪問を制限してきました。

トランプ政権は、米台の政府要人の相互訪問を可能にする台湾旅行法を議会で通しました。台北の在台湾協会を米海兵隊が警備するようになり、米台間の外交対話も定例化されました。米台FTA（自由貿易協定）を結ぶべきとの意見もあります。

台湾が中国になびく最大の理由は、ホンハイ会長の言葉通り、「民主主義ではメシは食えない」からです。中国共産党の独裁に目をつぶれば、経済的繁栄が約束される。まさに悪魔のささやきですが、多くの台湾人が、この悪魔のささやきに魂を奪われているのです。

図表5-2　Global Firepowerの2019軍事力ランキング

	軍事費（億ドル）	兵力（万人）	航空戦力（機）	主要艦艇（隻）
日本	470	30	1572	131
台湾	107	189	837	87
豪州	263	8	467	47
インド	552	346	2082	295
中国	2240	269	3187	714

出所：https://www.globalfirepower.com/countries-listing.asp

だから「民主主義でもGDPは伸ばせる」ことを示してやれば、台湾がダークサイドへ落ちることは防げるでしょう。米台FTAとは、そういう発想です。台湾は、半世紀にわたって日本とともに歩み、日本の統治時代をいまでも客観的に評価してくれる国です。台湾は、東日本大震災のとき、最大の義援金を送ってくれた国です。

日本が、台湾のためにできることは何でしょう。

台湾のTPP加盟を認めることです。日本が主導する海洋アジアの自由貿易協定であるTPP（環太平洋パートナーシップ）。これに台湾が入らないのはむしろ不自然です。TPP非加盟国の中国は、台湾のTPP加盟を阻止することはできません。

将来、TPPが海洋アジアの同盟に発展するとき、台湾が持つ軍事的ポテンシャルは同盟強化に大きく貢献するでしょう。台湾は核兵器こそ持っていませんが、徴兵制を最近まで行っていて、北朝鮮と同じレベルの軍事強国です。しかも、台湾関係法に基づいて最新の米国製兵器を購入しており、同じく米国製兵器を使っている自衛隊とは装備品の交換も容易です。

中国人民解放軍は、内モンゴルのゴビ砂漠に台湾総統府を再現し、奇襲攻撃で制圧する訓練を行っています。同様に、横須賀の米軍基地の埠頭を再現し、ミサイル攻撃の実験に使っています。

習近平国家主席は、二〇一九年一月二日の新年の挨拶のなかで、香港形式の「一国二制度」による統一を台湾側に呼びかけるとともに、

「中国は統一される必要があり、そうされうる」

「中国人は中国人を攻撃しないが、軍事行使の放棄にコミットしない」

と、衣の下の鎧をチラつかせました。

二〇一九年六月に香港で始まった一〇〇万人規模の反中共デモに対する弾圧と、習近平政権が翌年に制定した「香港国家安全維持法」は、「一国二制度」の美名の

もとで、実際には香港の自由と民主主義を中共政権が圧殺してしまったことを世界に示しました。とりわけ深刻に受け止めたのは、「一国二制度による統一」を中国に呼びかけられていた台湾でした。蔡英文総統は、「台湾での一国二制度は実現不可能」と明言しました。

日本政府も日台間の政府要人の往来を制限してきました。国交のない独裁政権・北朝鮮との首脳会談を模索していた安倍首相が、民主主義国・台湾の総統と一度も会わなかったのも不自然です。すみやかに日台首脳会談を実現し、台湾のＴＰＰ加盟を後押しし、自衛隊と台湾軍との共同軍事演習を行うべきでしょう。米国を交えた三国が安保協定を結び、沖縄の米軍基地を台湾に移設することも考えられます。沖縄にとっては負担の軽減となり、台湾にとっては抑止力が格段に高まります。国家承認や大使館の設置等の法的な問題は、後回しでいいでしょう。東アジアのシーパワーである日本と台湾ががっちり手を握ることは、ランドパワー帝国の海洋進出に対する強烈なプレッシャーとなり、自由と民主主義を国是とする海洋アジア諸国の平和と安定に貢献することになるのです。

第六章

米国の戦略

モンロー主義vsウィルソン主義で揺れる超大国

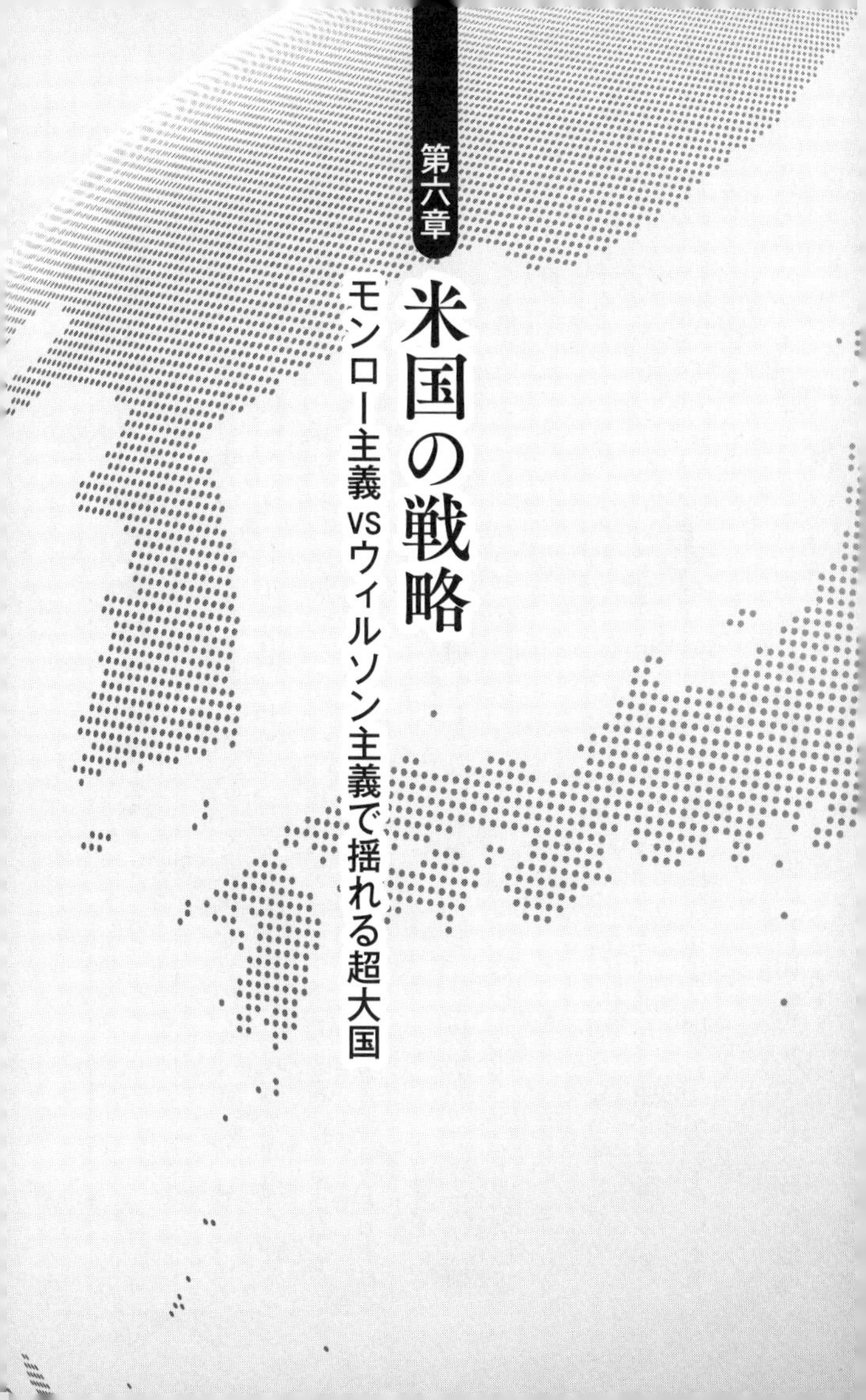

米国外交は二つの戦略を行き来する

トランプ大統領の登場は、二十世紀初頭から長く米国を支配してきたグローバリズム、シーパワー路線から、十九世紀的ナショナリズム、孤立主義への回帰の動きを象徴しています。米国の政治思想を単純に二分割すると、次の図表6－1のようになります（詳細は、小著『世界の今を読み解く「政治思想マトリックス」』〈PHP研究所〉を参照）。

アメリカ政治史の専門家はもっと細かく分けるのですが、地政学的にはこの二類型で十分だと思います。そのいずれのタイプも、米国の歴史と地理に深く根ざしているのです。

米国はそもそも、英国を追われ、あるいは欧州での生活に見切りをつけてやってきた人たちによる、ゆるやかな連合体です。本国の搾取に抵抗し、独立を勝ち取った後は、自分たちの生活の発展を最優先し、欧州の国際紛争に関わっているゆとりがありませんでした。

英国での革命（ピューリタン革命）に挫折し、信仰の自由を求めて新大陸に渡っ

図表6-1　二分割した米国の政治思想

てきたピューリタンは、彼らが考える「正しいキリスト教国」の実現のために、荒地を切り拓いていくフロンティア・スピリット（開拓者精神）を確立していきました。十九世紀初頭、ナポレオンと結んだ米国が、英国と再度戦った米英戦争の後、大統領に就任したモンローは、一八二三年の年次教書（議会演説）で「モンロー主義（モンロー・ドクトリン）」を宣言しました。

当時の欧州諸国は、ウィーン会議でフランス革命を否定し、革命前の世界に戻そうとしていました。中南米ではスペインに対する独立運動が加速していましたが、欧州諸国はこれも否定し、アラスカに領土を広げていたロシアが、当時はメキシコ領だったカリフォルニア方面へ出兵する可能性がありました。そうなれば、米国の西部開拓をロシアが妨害する形になっていたでしょう。

モンローはこの中南米諸国への干渉に明確に反対し、これが十九世紀の米国外交の基本方針となりました。もっとも、当時の米国は弱小国家であり、モンロー宣言は欧州諸国から黙殺されています。実際にロシア軍の南下を止めたのは、英国でした。英国は中南米諸国の独立を承認するのと引き換えに、これらの国々に市場開放を迫ったのです。ナポレオン戦争では共闘したシーパワー・英国とランドパワー・ロシアが、初めて敵対関係に入ったのがこのときです。

地政学的に考えると、西海岸に到達する前の米国は、いわば「大きな島国」だったのです。欧州とは大西洋で隔てられ、北には英領カナダの森林地帯が広がり、南のメキシコでは政治的な混乱が続いていました。西部に住む先住民は部族社会であり、銃で武装した米国人に次々に征服されていきました。海軍は東海岸に最少限度を保有すれば十分で、ひたすら西部開拓に邁進するランドパワー国家だったのです。

十九世紀の半ば、米国は米墨戦争でメキシコに勝利した結果、カリフォルニアに到達し、太平洋への出口を確保しました。これが一八四八年で、ペリーが日本へ来航するのは五年後です。この直後にカリフォルニアで金鉱が発見され、ゴールドラッシュが起きます。西部開拓をめぐる北部諸州と南部諸州との対立は、南北戦争

（一八六一～六五年）を引き起こしました。

英国のような工業国に転換しようとする北部の共和党政権が、英国向け綿花生産を基幹産業とする南部の民主党政権との主導権争いに勝利した結果、一八六九年に大陸横断鉄道を開通して西部開拓を加速させ、一八九〇年、先住民最後の抵抗を制圧しました（フロンティアの消滅）。

十九世紀末の米国は、もはや国内マーケットが飽和状態であり、中南米や中国に海外市場を求めるようになり、必然的にシーパワーへと転換せざるを得ませんでした。中国の例でわかるように、ランドパワーがシーパワーに転換しようとすると大体失敗するものなのですが、米国は先述のように「巨大な島」なので、これが可能になったのです。

地政学者のマハンは十九世紀末に、米国のシーパワー戦略を構築しました。マハンはランドパワーのロシアを米国の主敵と考え、シーパワーの英国・日本とは手を結ぶべきだと考えました。これはそのまま日露戦争の図式となります。

マハンはまたシーレーン確保のため、北太平洋のハワイ王国、スペイン領フィリピンとグアムの領有と、パナマ運河の開削の必要を説きました。これを実現したのが米西戦争（一八九八年）とハワイ併合、コロンビアからのパナマ奪取でした。

日清戦争で日本が台湾を、その隣のフィリピンを米西戦争で米国が併合した結果、日米は「隣国」となりました。さらに日露戦争で日本が勝ったことが、米国に対日警戒感を呼び起こしました。こうして日米両国は相手国を仮想敵国と見なすようになり、半世紀後には太平洋上で雌雄を決することになるのです。

労働者ではなく資本家に迎合する民主党

米国は、第一次世界大戦の欧州戦線では、絶妙なバランス感覚を保ちながら関与しました。結果として、軍事力でも経済力でも、疲弊した欧州各国に成り代わって世界をコントロールできる立場に躍り出ます。これを可能にしたのは、英国に代わって世界最大の工業国となった米国の経済力であり、その富が集積するニューヨークのウォール街でした。

ウォール街の金融資本からの献金で政権を握った民主党のウッドロー・ウィルソン大統領は、グローバリズムの盟主になるべく大転換を打ち出します。米国にとって初の欧州派兵は第一次世界大戦でしたし、戦後のパリ講和会議を主導して国際連盟の設立を実現させました。こうした、モンロー主義とは正反対の考え方を「ウィルソン主義（ウィルソニズム）」と呼びます。「世界の警察官」という言葉を初めて用いたのもウィルソンです。

これ以降、アメリカは国内の政治状況や国際情勢によって、伝統的なモンロー主義と、新しいウィルソン主義を行ったり来たりするようになります。ウィルソンの主導した新しい世界秩序に対して、共和党が多数を占める米国議会はヴェルサイユ条約も批准せず、国際連盟加盟も認めませんでした。

欧州の復興と、自動車と家電製品に代表される大量生産・大量消費社会の到来は、グローバリズムの恩恵と言えるでしょう。その一方で、豊かさを求めて欧州や日本から流入する移民労働者の激増が、米国の「草の根」保守層の反発を招きます。彼らは民主党政権のグローバリズムを嫌悪し、「古き良きアメリカ」の復活を共和党に託したのです。

移民労働者の多い東海岸やカリフォルニアは民主党の支持層が多いのに対し、内陸部では共和党の支持層が多数を占める、という図式が生まれました。オバマ政権を支えたのは沿岸部ですし、トランプ政権を生み出したのは内陸部です。私たちがイメージする米国は、ニューヨークやボストン、ワシントンといった東海岸、そしてロサンゼルスやサンフランシスコ、最近ではシリコンバレーのような西海岸ですが、それは米国の一つの顔にすぎません。広大な内陸部には、いまも古い伝統が息づいているのです。

米国の中央銀行に当たるFRB（連邦準備制度理事会）と、配下の一二の連邦準備銀行は、ウィルソン時代にウォール街の共同出資で創設されました。民主党は労働者の政党だったはずなのに、ウィルソン以降の民主党は、グローバル経済で儲ける国際金融資本の味方になってしまったのです。

一九二九年に始まる世界恐慌で米国が孤立主義的な動きを強めたために、今度は第二次世界大戦を招きます。日米開戦が米国による対日経済制裁に始まったことは、象徴的でした。この戦争は世界恐慌から米国を完全に立ち直らせ、戦後は国際連合の中心に座り、米ドルを基軸通貨とするブレトン・ウッズ体制を築きました。核兵器とドルを武器として、名実ともに「世界の警察官」となった米国にとって、ソ連との冷戦はゲームのようなものでした。この間に共和党もウォール街にすり寄って変質していきました。レーガンからブッシュ父子までの共和党政権は、明確にグローバリズムを志向し、ついにソ連を崩壊させて米国の一極支配体制——「パクス・アメリカーナ」を実現したのです。

一方で、「世界の警察官」を続けるコストの問題も深刻でした。グローバリズム実現のために米国市場を開放して日本や西ドイツのような国を台頭させ、貿易不均衡が進みました。米国の労働者は仕事を奪われ、貧富の差が拡大し、自分はグローバリズムの犠牲になったと考える人々が現れます。彼らから見れば、民主党の主流派は東海岸の特権階級であり、鼻持ちならない金持ちのシンボルだったわけです。二〇一六年の大統領選挙でトランプに敗北したヒラリー・クリントンが、まさにそのようなイメージで語られていました。

ところが、大手メディアのオーナーやスポンサー企業がグローバリストであるため、ヒラリー・クリントンが圧勝するとの報道が続いたのです。米国での報道を無批判に垂れ流す日本の大手メディアも、同じ状況でした。だから「草の根」保守、サイレント・マジョリティーがトランプを大統領に選んだとき、彼らはトランプ政権に対する全面攻撃を開始し、二〇二〇年の大統領選挙でトランプ再選を阻止し、ジョー・バイデンを擁立したのです。

タダでは「世界の警察官」を引き受けない

リーマンショックの前後から、米国民の間にグローバリズムに対する不満の声が上がり始めます。民主党を見限って共和党支持に転じる者、民主党主流派を見切って労働者保護の極左になる者、いずれも普段の暮らしにおいて、グローバリズムからは恩恵よりも悪影響を受けたと考える層でした。彼らが肌身に感じるグローバリズムとは、中国から入ってくる安い衣料品や雑貨であり、メキシコなど中南米からやってきて低賃金で働く不法移民であり、誰のためにやっているのか理解できないアフガニスタン戦争やイラク戦争で米兵を殺傷するテロリストです。

貧富の差の拡大はいまや世界の先進国が抱えている問題です。移民・難民問題は欧州でも顕在化して英国のEU離脱（ブレグジット）を引き起こしました。米国主導のグローバリズムの恩恵を最大限に享受してきた日本でも、安倍政権が単純労働の移民受け入れに舵を切り、日本人労働者の雇用を奪うのではないかと危惧されています。時期の違いこそあれ、グローバリズムの弊害が一般庶民の生活を脅かしていることは間違いありません。

このような不安を背景に登場したトランプ大統領は、「世界の警察官」を終わりにするという方針をはっきり示しました。最終的には世界のあらゆる地域から米軍を縮小、あるいは撤退し、残す場合にはコストの負担を相手国に要求することを意味します。

その対象には当然、東アジアも含まれます。駐留米軍の規模が大きいのは日本と韓国であり、在日米軍は海外に駐留する米軍では最大で、言うまでもなく戦後日本の安全保障を決定づけてきた最重要要素です。在韓米軍は朝鮮戦争以来の国連軍を引き継ぐもので、冷戦の最前線で「第二次朝鮮戦争」を防いできました。

しかし、米国の「普通の人たち」は、もはやこうした負担を望んでいないのです。日米同盟、米韓同盟があるからといって特別待遇をしてくれるわけでもありません。

米国が統一朝鮮に無関心に見える理由

トランプ政権は二〇一七年に、北朝鮮に対して先制攻撃も辞さないという態度を見せていましたが、一転して米朝交渉に応じた理由も、大きな流れで考えれば理解できます。トランプは世界から手を引きたいと考えています。シリアやアフガニスタンから撤退するのと同じく、東アジア、朝鮮半島からも引きたいと考えているのです。

この動きを後押ししているかに見えるのが、韓国の文在寅《ムンジェイン》親北政権です。第三章で触れたとおり、彼らは南北統一のために、まずは米軍を縮小し、やがては米韓同盟をなくしていく必要があると考えています。トランプと金正恩《キムジョンウン》の米朝首脳会談に韓国が前のめりになるのも同じ理由です。米韓同盟解消という一点において、文在寅親北政権とトランプ政権は手を組めたのです。その姿はあたかも離婚に向けて淡々と手続きを進めている夫婦の姿に似ています。互いに相手を信じておらず、少しでも自分に有利な条件を引き出そうとしているだけなのです。米国が今後、朝鮮半島に対して考慮するポイントは、対中政策において有利なカードになるよう影響力を残すことです。米中関係はアジアにおいて唯一残された戦略的な関心事なのです。朝鮮半島が統一しようがしまいが、米国にとって本質的な関心事ではもはやないのです。

長期化する米中対立において、「統一朝鮮」は地政学上の緩衝国家となります。ロシアとドイツの間のチェコやポーランドのような、フランスとドイツの間のベルギーやオランダのような、あるいはブラジルとアルゼンチンの間のパラグアイやウルグアイのような存在として、敵対国のいずれにも付かず離れず、クッションの役目だけ果たしてくれればいいのです。この考え方は、韓国の「進歩派」が持っている朝鮮民族至上主義、「バランサー」意識と奇妙な一致を見せています。米国が認めるのであれば、「統一朝鮮」の出現は格段に現実味を帯びるはずです。

米国は「統一朝鮮」の核も黙認する

米朝「非核化」交渉が短期的にどうなるかはさておき、北朝鮮は核ミサイルを決して手放さないでしょう。とすれば米国の選択肢は二つしかありません。北朝鮮を攻撃して「外科手術的」に核を除去するか、あるいは北朝鮮の核保有を黙認するかです。朝鮮半島から退《ひ》きたい米国が余計な戦争を引き起こすはずはありません。したがって米国は、「統一朝鮮」が北朝鮮の保有する核とミサイルを引き継ぐことも黙認するでしょう。

にわかには信じられないかもしれません。しかし米国は、過去にイスラエルだけでなく、インドやパキスタンが核兵器を保有したことも黙認しています。核保有を問題視するのは、それが米国を狙うかどうか、米国にとって著しく不利になるかどうかだけなのです。パキスタンの核がインドへの、インドの核が中国への抑止力になっているのなら、米国にとって都合が悪い話ではありません。

同様に「統一朝鮮」が核を保有することで緩衝国家としての存在感を高め、中国と容易に妥協せず、太平洋への進出を防いでくれるのなら、あながち悪い状況ではないわけです。韓国も北朝鮮も、核を持つことで誰にも侵略されずに民族の独立を守りたいわけですから、米国の思惑とは文脈が違うだけで、目指すところは変わらないのです。

米国の「対アジア戦略」＝「対中経済戦争勝利」

アジア太平洋地域における米国の関心は、もはや中国の台頭への対抗以外にはありません。このことは「統一朝鮮」のみならず、日本の将来や日米同盟にも強い影響を及ぼしてきます。米国は対中政策に合致するかどうかという観点から、在日米軍の今後を決断するでしょう。トランプ政権の誕生と、米朝会談が実現した背景には、米中関係の悪化があります。勝利を確信していたトランプは手持ちのほぼすべてのカードを切り、中国を経済的に追い込む方向に動きました。もしもヒラリー・クリントンが大統領になっていたら、このような行動は絶対に起こさなかったでしょう。

今後、東アジアで起きることは、「米中の覇権争い」に勝つための戦略と考えれば答えが見えてきます。朝鮮半島、日本、台湾やベトナム、オーストラリアやインドを含めた米国のアジア太平洋戦略は、「どうすれば中国を叩き潰せるか」という遠大な目標のために立案されています。米朝交渉もまた、「いかに北朝鮮を対中戦略のカードにできるか」という目的のために行われているのです。そのためなら、北朝鮮が人権を踏みにじる邪悪な独裁政権であろうと、あえて触れないでいるわけです。大目標を成し遂げるためならば、〝悪魔〟と手を結ぶことも厭わないのが国際政治のリアリズムです。

　朝鮮半島において米国が考えうる最悪の事態を想像してみましょう。北朝鮮に圧力をかけすぎた結果、金正恩が軸足を中国に移し、すでに形骸化している中朝同盟を再度強化して、朝鮮半島に中国海軍の基地建設を許すというリスクです。中国海軍にとって朝鮮半島は、日本海への侵入を阻む障害物です。中国海軍が羅津《ラジン》港や清《チョン》津《ジン》港を拠点に日本海へ、そして北太平洋に出てくるとなると、米軍にとっても厄介なことになります。その意味において、朝鮮民族が持っている中国への潜在的な恐怖感を、米国はうまく利用しようとしているのです。

ナショナリズム回帰の米国は沖縄すら不要に

このような動きから、在日米軍も無縁ではいられません。在韓米軍の撤退で、短期的には日米同盟の価値がハネ上がり、米軍は日本防衛の重要性を再認識することになります。長期的には世界的な米軍基地縮小の流れのなかで、在日米軍もまた縮小されるか、より大きなコスト負担を日本は迫られるでしょう。

特に、沖縄の海兵隊基地をグアム島に移転させる計画は、オバマ政権時から進んでいます。米国の対中国戦略重視と矛盾すると思えるかもしれませんが、実際は両立します。

戦闘機と核ミサイルに対する防衛がメインとなっている今日の安全保障環境において、沖縄の戦略的価値はそこまで高くはありません。いわば中国への「顔見せ」用として置いているのであって、実際はグアムに移しても問題ありません。基地反対運動やコスト負担を考えれば、沖縄に駐留を続けることの意味は薄いわけです。

もちろんこれは、米国が「対中国」だけを考えた戦略であり、このままでは沖縄は丸ハダカになります。日本は米軍を沖縄に引きつけ、米軍が削減される部分は自衛隊が担わなければならなくなります。今世紀半ばまでに米国は百年以上続けてきたグローバリズムを捨て、一国主義のナショナリズムに回帰することを選んだのです。守るべきは自分たちの国土であり、太平洋の向こうの日本や「統一朝鮮」を米国が守ってやる必要はないわけです。むしろメキシコ国境から入ってくる不法移民を防ぐことのほうが優先順位は高く、ナショナリズム的発想に合致します。

しかし中国は違います。テクノロジーが進歩したことで、米国の土地を踏まずに技術を盗み、サイバー攻撃を仕掛け、ミサイルで圧力をかけることができます。さらに海軍を増強して、海洋アジア諸国のシーレーンにも影響を及ぼそうというのです。

トランプはメキシコ国境に「Great Wall」を建設して不法移民を止めると公約しましたが、この言葉は中国の「万里の長城」を意味します。

トランプが中国史を知っているとは思えませんが、このままだと米国は、南海遠征をやめて長城防衛に国費を投じた明の中期以降のようになっていくでしょう。そう考えると彼らの心情、ものの見方が理解しやすいのではないでしょうか。

米軍のアジア戦略は多国間型に再編

もっとも、米国は東アジアから全面撤退するわけではありません。いくらナショナリズムに回帰しようと、アラスカやハワイ、グアムを領有していることに代わりはないのですから、この地域に何らかの安全保障の枠組みが必要となります。米軍がすべて面倒を見るという現状が問題なのであって、米国の負担をできるだけ減らし、最小限のコストにとどめたいということです。

おそらく米国は、北大西洋条約機構（NATO）のアジア太平洋版のようなものを構想し、関係各国に相応の負担を求めてくるでしょう。安倍首相が提唱した「安全保障のダイヤモンド構想」――米・日・豪・印の同盟構想をトランプ政権が受け入れ、すでに四ヵ国の実務者協議（クアッド）が始まっています。英国は、日本主導の環太平洋パートナーシップ（TPP）への参加を表明しています。これは、アジア太平洋版NATOの雛形になるでしょう。沖縄から撤収する米軍の空白は自衛隊が埋めるべきですが、東シナ海・南シナ海のパトロールは、多国籍軍が担うのがよいと思います。

　この「アジア太平洋版NATO」の姿は、すでにおぼろげながら輪郭を現しています。それがTPP（環太平洋パートナーシップ協定）です。トランプ政権の交渉離脱により、日本主導で調印された「TPP11」に中国・南北朝鮮は加盟せず、海洋アジア諸国と南北アメリカ諸国の経済共同体として発足します。安倍首相はEU離脱で市場を求めている「英国のTPP加盟を歓迎する」、菅《すが》官房長官も「台湾のTPP加盟を歓迎したい」と発言するなど、TPPが将来、「海洋国家連合」になる可能性を示唆しました。

防衛最前線は「対馬海峡」ではなく「鴨緑江」に

　もし北朝鮮主導の「南北統一」で韓国が消滅した場合、現在は三八度線にある防衛の最前線が、対馬海峡に後退してくるのではないかという不安を感じている方も多いでしょう。実際、朝鮮戦争初期の北朝鮮軍の南下速度は、釜山まで占拠しかねない勢いだったからです。しかし実際の防衛ラインは、逆に中朝国境の鴨緑江《おうりょくこう》にまで前進する可能性が高いでしょう。これには二つの根拠があります。

　まず「統一朝鮮」は周辺の大国、とりわけ中国への依存を減らし、「主体性」を発揮しようとするでしょう（第三章参照）。もし中国が圧力をかけてくる場合、「統一朝鮮」は米国や日本に接近してくるでしょう。その逆もまたしかりです。

米国はこの中朝関係を見据えて、「統一朝鮮」に対して影響力を及ぼそうとすることは間違いありません。米国と常に適度な距離感で友好関係を築き、「別れたけれど、たまには会う元夫婦」みたいな微妙な関係を続けるのです。将来は、軍事同盟や安全保障協力まで進む可能性も否定できません。

こうした関係を築ければ、米国は「統一朝鮮」と後腐れなく手を切りながらも、三八度線を事実上、鴨緑江まで押し上げられます。トランプ・金正恩会談で、こうした話し合いが行われている可能性もあります。それだけでも中国に対する大きな抑止力です。

米軍の北朝鮮攻撃の可能性は？

それでも米国が何らかの形で北朝鮮を軍事攻撃するオプションがなくなったわけではありません。米国としては、自国に深刻な被害が及ばないのであれば、キム一族の独裁体制を打倒後に「統一朝鮮」を実現しても構わないからです。いったん米朝交渉が行き詰まりを見せたことで、口先だけではお互いに軍事攻撃を匂《にお》わせることもあり得ますが、これは「言うだけはタダ」というチキンレースの域を出ないでしょう。それでもなお、本当に米軍が北朝鮮を攻撃するシナリオとして、次の二つのパターンが考えられます。

まずは、金正恩がはっきりと米国の安全を侵すような行動に出る場合です。北朝鮮はこれまでも米国を激しく罵倒してきましたが、少なくとも具体的行動において米国領土や本土を脅かすような行動には出ていません。「水爆を完成させた、大陸間弾道ミサイル（ＩＣＢＭ）を完成させた、核弾頭の再突入技術も大成功だった……」と口では主張しますが、実際はまだ核弾頭の大気圏再突入の技術は確立できていません。さらに、グアムやハワイの近くに中距離ミサイルを打ち込むことは避けています。

仮に、金正恩がこうした「遠慮」をやめた場合、それによって生起するリスクが、米軍が北朝鮮を攻撃する際のリスクを上回ると判断される場合、実際に金正恩に対する米軍の「斬首《ざんしゅ》」作戦が実行されるでしょう。ただし、この可能性はそれほど高くないと思います。

もっとあり得るシナリオは、「統一朝鮮」が在韓米軍を朝鮮半島から撤退させた後、ナショナリズムの高揚が抑えられなくなり、核やミサイルの開発をむしろ強化し、米国の具体的な脅威となる場合です。この場合、米国単独、あるいは米中共同作戦の形で、「統一朝鮮」に対する強制的な「武装解除」を実行する可能性があります。現在、韓国には二・五万人の米軍人に加え、一〇万人以上の米国人が生活しています。そのほとんどが軍事境界線に近いソウル近郊にいます。北との軍事衝突が起これば、彼らの生命がリスクにさらされることになります。軍事攻撃の前に、この人たちをわずかな時間で朝鮮半島から脱出させることはできません。一〇万人の移動には、五〇〇人乗りの航空機を二〇〇回も運航させなければならず、その兆候は必ず北側に知られて逆に攻撃を誘発してしまいます。

「統一朝鮮」が成立すると状況は大きく変わります。米韓同盟の解消によって、在韓米軍は日本やグアムまで撤収するのです。かつての朝鮮戦争のような陸軍同士の戦争は考えにくく、ミサイルと航空機の戦争になるわけですから、むしろ日本やグアム、場合によっては台湾、そして周辺の海上から攻撃できれば十分なのです。

米国企業が同盟国でなくなった「統一朝鮮」に積極的に投資するとは考えにくく、韓国在留米国人の数も減るでしょう。「統一朝鮮」としてもなるべく韓国の資本で北側の開発をやりたいはずです。軍事的にも経済的にも、米国は朝鮮半島から手を引き、半島統一の動きを後押しするだろう、これが本章の結論です。

第七章

ロシアの戦略

スラヴ主義VS西欧主義で停滞する旧超大国

東ローマ帝国の末裔、モンゴル帝国の遺産

十九世紀以降の世界史を振り返ると、ロシアは典型的かつ最強のランドパワー国家でした。同じランドパワーの中国と似ているところがあります。周辺諸国との付き合い方が上手ではなく、すぐに粗暴な手段に頼るのです。

周辺の小国の国民性を理解することが難しいために、バルト三国や東欧、中央アジアや東アジアでも、ロシアと関わった国々に、不信感や反感を抱かせてしまいました。

同じランドパワーでも、豊かな農業地帯を有する中国大陸の為政者は遊牧民から侵略されるたびに、贈物《ぞうもつ》で買収するという交渉術を身につけ、宋の時代にはビジネスを重視しました。

対照的に、あまりにも寒冷なロシアは穀物自給が困難で、油田が発見される十九世紀までは、毛皮と奴隷しか売るものがなかったのです。また、二世紀にわたるモンゴル帝国の支配を受けたため、騎馬戦法に習熟し、モンゴル帝国に代わって周辺の農業国を侵略するようになりました。「ユーラシアの陸の覇者」となったロシア

にとって、周辺の小国は交渉相手ではなく、力でねじ伏せればよい存在でした。

ロシア人はよく言えば純朴、ネガティブに見れば世間知らずで我《が》を押し通すところがあります。また、中国人が冷徹なリアリストであるのに対し、ロシア人は非常に観念的、内省的です。これは、ギリシア正教会を受け継ぐロシア正教会の影響も大きいのでしょう。ドストエフスキーに見られる哲学的な文学は、中国ではついに生まれませんでした。経済的な実利よりも観念やイデオロギーを重視するロシア人の気質を知っておくと、気難しく粗暴に見える隣国を理解できるのではないでしょうか。

第一章でも触れたとおり、今日ロシア人と呼ばれる人たちには複数の源流があり、それぞれに独自の価値観やアイデンティティを持っています。

まずは「西欧世界の一員としてのロシア」意識。彼らはもともとバイキングの血を引き継ぎ、スウェーデンからやってきた人間の末裔《まつえい》だというロシア年代記の建国神話が元になっています。ノルマン人はバルト海の海洋民族でしたから、シーパワー的な発想をします。英国でもノルマン人が建てた王朝が長く続きましたから、自分たちロシア人は西欧人の仲間であり、西欧列強と対等な地位を築くべきだ、と考えるのです。近年では、ゴルバチョフやエリツィンが、西欧派を代表する政治家でした。

これとは真逆なのが、スラヴ人意識です。スラヴ人は東欧の先住民で、東ローマ帝国（ビザンツ帝国）からキリスト教（ギリシア正教）を受け入れ、西のゲルマン人（カトリック教徒）、南のトルコ人（イスラム教徒）に対抗しようとしました。現在のロシアの原型となったモスクワ大公国は、自らを「ビザンツ帝国の後継者」と考えました。この考えは、ビザンツ帝国の滅亡とともに強まり、イヴァン三世は東ローマ帝国皇帝の姪と結婚し、帝国の後継者として「皇帝《ツァーリ》」という称号も使い始めました。ちょうど明の滅亡後、朝鮮王朝が明の継承者として「小中華」意識を持つに至ったのとよく似ています。スラヴ派はロシアの土地にこだわり、ランドパワー的な行動を取ります。近年ではプーチンが、スラヴ派の代表です。

さらにロシア人には、もう一つの隠されたアイデンティティがあります。「モンゴル帝国の後継者」という意識です。十三世紀前半に現在のロシアはモンゴル帝国の侵攻を受け、その後二百五十年間、モンゴル人に間接支配されました（ロシアではこの暗黒時代を「タタールのくびき」と呼んでいます）。この間、モスクワの領主はモンゴル人の王女をめとり、進んでモンゴル化していきました。高麗王が、進んでフビライに臣従したのとよく似ています。ロシア人にとっては屈辱の歴史ですが、朝鮮と同様、この時代の記憶が、その後のロシア人の行動様式に大きな影響を与えていることは、さまざまな事例から説明できます。

後にモンゴルから独立し、現在のロシアにつながるモスクワ大公国のイヴァン四世（雷帝）は、いったん退位してモンゴルの王子を即位させ、そこから改めて譲位されるという面倒な手順を踏んでいます。自らがモンゴルのハンの後継者であると演出することで、カザフ人、ウズベク人など中央アジアの遊牧民を臣従させることに成功したのです。モンゴルの「遺産」は、ロシア・コサック兵にも受け継がれました。広大な原野を縦横無尽に駆けめぐるコサック兵は、ロシア陸軍の精鋭部隊として、モンゴル帝国に匹敵する巨大な領土をロシアが獲得することに貢献したのです。

北欧のノルマン人、土着のスラヴ人、そしてモンゴル人。さまざまな流れを受け継いでいるロシアは、一枚岩ではありません。大きく見ればランドパワーですが、国内では長い間、ランドパワー派とシーパワー派が対立を続けてきたのです。

十八世紀初頭、ロシアに西欧文明を導入し、バルチック艦隊を創設したピョートル大帝や、黒海艦隊を創建したドイツ出身の女帝エカチェリーナ二世の発想は、西欧志向、シーパワー志向でした。この時代、ロシアの宮廷ではフランス語が話され、フランス啓蒙思想の影響で「ロシア啓蒙主義（西欧派）」の流れを生み出しました。クリミア戦争の敗北でバルカン半島進出に挫折したアレクサンドル二世は、矛先を極東に転じて清から沿海州を奪い、ウラジオストク軍港と太平洋艦隊を整備します。ロシアの大国化と拡大のため「隙あらば南下する」という、南下政策を実現するためのものです。

しかし、軍事大国への転換は莫大な資金と技術を必要とするため、ロマノフ王朝はこれを外資に求めるしかありませんでした。英国やフランスの金融資本がロシアに莫大な投資を行い、カスピ海油田やシベリア鉄道の開発を行いましたが、その利益は外資とロマノフ王朝、貴族たちに還元され、民衆は貧しいまま放置されたのです。「改革開放」以降の中国にそっくりですが、ロマノフ王朝の、行きすぎた西欧化への反動として起こったのが、ロシア革命でした。レーニンが率いる共産党政権は、外資が握っていたインフラや地下資源を暴力で奪い取り、国有化したのです。これはマルクス・レーニン主義とランドパワーの「初めての出合い」でしたが、両者は非常に相性がよかったのです。

シーパワー化で国を滅ぼしたロシア

　シーパワー派が権力を握り、ロシアが海へ出ようとするとき、氷結した北極海ではどうしようもありません。氷結しない港（不凍港）を求めるという行動パターンを取るのは当然のことでした。十八世紀前半、ピョートル大帝の命を受け、オホーツク海を出港した探検家ベーリングが、カムチャツカ半島からアラスカへ到達してロシア国旗を立てたとき、これを咎《とが》める文明国は存在しませんでした。北米大陸には英国人が入植して日が浅く、アラスカやカナダの大半は「未開の地」だったからです。

　ところが二百年後、産業革命に成功した英国はユーラシアとアフリカの沿海部に植民地を築き、シーレーンを建設していました。ロシアがバルカン半島に手を伸ばしたとき、地中海のシーレーンを死守せんとする英国はその前に立ちはだかりました。アレクサンドル二世はクリミア戦争で英仏連合軍に大敗し、露土戦争では英国に恫喝されただけで兵を退《ひ》きました。地中海への出口をふさがれたアレクサンドル二世は、中央アジアからインド洋への南下を試みます。ここでも英領インドからアフガニスタンに北上した英軍に阻まれます。最後の望みは極東であり、ウラジオストク港に軍団を輸送するためシベリア鉄道の建設を急ピッチで進めますが、これが完成する直前に、英国と同盟した日本がロシアの前に立ちはだかり、ニコライ二世は日露戦争で敗退しました。やむなく再びバルカンに目を向けたロシアに、今度は欧州のランドパワー・ドイツが立ちはだかり、第一次世界大戦に突入。大戦中にロシア革命が勃発し、ロシア帝国そのものが瓦解します。無理にシーパワーへ転換しようとしたことが、ロシアの自滅を招いたわけです。

ランドパワー政権に回帰したスターリンのソ連は、第二次世界大戦に乗じてロシア帝国の旧領を回復したのみならず、東欧諸国と東ドイツ、中国と北朝鮮をその勢力下に置きました。いわゆる「共産圏」の出現です。二度の大戦で疲弊した英国に代わり、米国がソ連を封じ込めたのが「米ソ冷戦」でした。

米海軍の潜水艦は、バルト海、地中海、日本海、オホーツク海でソ連艦隊を徹底的にマークし、行動の自由を奪ってきました。黒海だけは「ソ連の内海」でしたが、その唯一の出口であるボスフォラス海峡を押さえるトルコがＮＡＴＯに加盟し、ソ連黒海艦隊の動きににらみを利《き》かせてきたのです。

クリミア情勢は、東アジア情勢とリンクしている

本書は「東アジア地政学」がテーマですが、ロシアの動きを見通す場合には、彼らがクリミア半島で何をしているかを知ることが非常に重要です。国土が広大であるがゆえに、ロシアは二ヵ所で同時に戦争をすることができず、クリミア危機は東アジアに平和をもたらすからです。

ロシア人の心情を理解するため、ここでも地図上の南北を逆転させてみますと一目瞭然です。黒海が地中海とつながるボスフォラス海峡は、ロシアにとって典型的なチョークポイントです。その黒海にロシア側から突き出しているクリミア半島の軍港セヴァストポリは、地中海ルートを確保するうえで、地政学的な要所としてどうしても押さえておきたい場所です。

十八世紀の終わり、オスマン帝国（トルコ）の傘下にあったクリム＝ハン国を滅ぼし、黒海艦隊を創建したエカチェリーナ二世は、その母港としてクリミア半島にセヴァストポリ軍港を建設します。しかしオスマン帝国は引き続き、首都イスタンブールのあるボスフォラス海峡を押さえているので、ロシア艦隊は通過できませ

ん。この地をめぐってロシアとトルコとの戦いは続きます。

ここに現れたのが、シーパワーの英国です。英国としてはロシア艦隊に黒海から出てこられると安全保障上のリスクが高まるため、常にオスマン帝国やギリシアに加勢し、ロシアの南下を防いできました。その代表例は、一八五三年のクリミア戦争で、その結果はすでにお話ししました。ユーラシア規模で行われた、膨張するロシアと、これを封じ込める英国とのせめぎ合い。英国人はこれを「グレート・ゲーム」と呼んでいました。十九世紀半ば以降の国際紛争の大半は、このグレート・ゲームの一環として説明することができるのです。

第二次世界大戦後、英国の役目は「世界の警察官」となった米国が受け継ぎます。ソ連はブルガリアやルーマニアを共産圏に取り込み、逆に米国はトルコやギリシアをNATOに加盟させます。すでに触れましたが、ギリシアに反共軍事政権を誕生させたのもその一環です。また現在もロシアが、トルコの南のシリアを支援したがるのも、地中海への出口の確保という地政学的な理由があるからです。

ロシアの行動様式をウクライナ問題から学ぶ

ウクライナはロシア人と近いスラヴ系民族の国で、世界最大級の穀倉地帯でもあります。ロシアは不毛の地が多く、国内で穀物を自給できませんが、ウクライナがあれば食糧自給の問題は解消されます。レーニンとスターリンの時代、ソ連に収奪されたウクライナでは大飢饉が繰り返され、数百万人が餓死しています。ヒトラーのドイツ軍が侵攻してきたとき、ウクライナ人はこれを「解放軍」と呼んで歓迎したほど、ロシアに対するウクライナの恨みは根深いものでした。

この現状を変えようとしたのが、スターリンの後継者となったフルシチョフでした。彼はウクライナ人の家系に生まれ、スターリンの政策に批判的でした。そこでウクライナ人を懐柔するため、ソ連邦の一部であるウクライナ共和国に対し、ロシアがクリミア半島を「返還」するという形を取ったわけです。こうして政治的妥協の産物として、ロシアの飛び地だったクリミア半島は、ウクライナに引き渡されたのです。

ソ連が崩壊し、ウクライナとロシアは別の国となります。ロシアのエリツィン大統領はクリミアのセヴァストポリ軍港をロシアが借り受けるという形で使い続けますが、米国にとっては黒海をロシアから奪い取る絶好のチャンスと映りました。オバマ政権はウクライナの反ロシア勢力を援助し、ロシアと手を切らせてＮＡＴＯ側に加わるよう引き込みを図ります。

ただし、歴史的な経緯からクリミア半島の住人の六割はロシア人で、ウクライナ人は三割程度です。対立がエスカレートするなかでウクライナの政権を握った親欧米派が、NATOへの加盟交渉を開始し、セヴァストポリからのロシア軍の撤兵を求めました。このまま放置すれば、ウクライナはNATO加盟国となり、セヴァストポリは米軍基地となるでしょう。

危機感を抱いたロシアのプーチン大統領は、クリミアで住民投票を行わせました。ロシア系住民の圧倒的多数の支持により、「ウクライナからの独立、ロシアへの編入」という住民の意思が示されました。これと同時にロシア軍特殊部隊と思《おぼ》しき覆面の〝民兵〟にクリミアのウクライナ軍を武装解除させ、クリミアの併合を宣言したのです。欧米諸国はロシアに対して経済制裁を課し、G8の首脳会議からプーチンを締め出しました。孤立無援となったプーチンが、握手を求めてきたのが日本の安倍首相だったのです。

ウクライナ問題は、テロ組織のIS（「イスラム国」）との争いにも深く関わっていました。米国がトルコをNATOに引き入れ、ロシアがシリアのアサド政権を支援してきました。米国は中東からロシアの影響力を一掃するため、エジプト・リビアなど親ロシア政権に対する民主化運動を米国の金融資本やＣＩＡが資金援助し、これを「アラブの春」と呼んで賞賛しました。この作戦により中東の親ロシア政権が次々に崩壊していくなかで、プーチンが全力で支えてきたのがシリアのアサド政権だったのです。

アサド社会主義政権に対しては、親米派の「自由シリア軍」のほかにイスラム過激派のＩＳも立ち上がりました。米国がこれを黙認したため、ＩＳはシリア・イラク国境では一気に支配地域を拡大し、『コーラン』を法とする神権国家を樹立します。キリスト教徒や、彼らが異端と見なすシーア派イスラム教徒、少数民族のクルド人、ヤズィード教徒が残虐な方法で殺され、女性は奴隷にされました。

これに反発するクルド人が反ＩＳの民兵組織を立ち上げ、戦いに加わります。米国はこのクルド人民兵を支援し、ＩＳを潰しにかかりました。トランプ政権はプーチンと協力してＩＳ攻撃を強化した結果、ついにＩＳはその本拠地を放棄しました。

ところが、これに反発したのがトルコでした。クルド人はトルコ東部で分離独立運動を続けており、その一部はトルコ国内でテロを繰り返してきたからです。米国がクルドを支援すればするほど、トルコのエルドアン政権は反米化し、ロシアに接近します。プーチンがこの機会を逃すはずがなく、トルコにＮＡＴＯから離脱するようささやいているのです。トルコがロシア側に寝返れば、冷戦期以来の対ロシア包囲網が決壊することを意味します。

長年の英露対決は日本に強く影響してきた

日本から遠く離れた地域の争いは、日本の国益と関連性が薄いように思えるかもしれませんが、それは誤りです。逆に、クリミア戦争の年号を見てピンと来た方は地政学的なセンスがあります。

一八五三年は、ペリー艦隊の日本来航と同じ年です。新米のシーパワー・米国の艦隊が日本にやってきたこと自体、クリミア戦争と深い関わりがあるのです。

ベーリングがカムチャツカ半島を探検したのは、日本で言うと江戸時代の享保年間。これ以後ロシアは千島列島や樺太に、それぞれ調査隊を送り、幕府も蝦夷地（北海道）のアイヌに対する実効支配を強めました。十九世紀に入るとロシアは対日圧力を強め、武力紛争も多発します。英国が清を攻撃したアヘン戦争の情報も長崎から入っていましたが、幕府にとって最大の脅威はロシアだったのです。

そのロシアが、クリミア戦争で英・仏と全面衝突したのです。ロシアはクリミア防衛に全力を注ぎ、東アジアは手薄となりました。英国軍艦はカムチャツカ沖にまで来航し、ロシア軍の要塞を砲撃しています。

幕府は、開国しなければならないのなら領土目当てのロシアに対してではなく、交易を求めて軍事的野心が薄そうな米国や英国と結んだほうが穏当だと考えたわけです。経済合理性を重視するシーパワーの要求に応じ、開国を選んだのです。

これ以降、米国や英国は、「日本はユーラシア大陸の東側でロシアと対立する国」と見なします。英国は対馬にやってきたロシアの軍艦を追い払い、日本海軍に操船技術や軍艦を与え、日英同盟を結んで日露戦争もサポートしました。

日露戦争について、日本人は単に「日本とロシアとの争い」と見てしまいますが、世界史的、地政学的観点から俯瞰《ふかん》すれば、すべては英露の争い、「グレート・ゲーム」の一環だったのです。明治維新も究極的には北方から圧力をかけてくるロシアに対抗する策として、薩摩・長州が英国と手を結んだということです。英国側から見れば、自分たちの片棒を担いでロシアを攻撃した諸国家のなかで、もっとも優秀な実績を残したのは日本と言えるでしょう。

グローバリストのエリツィン路線を大転換したプーチン

ロシア革命はある意味、「スラヴ回帰の運動」「ランドパワー回帰の運動」でした。スターリンのような独裁者がなぜロシア人に賞賛されたのか。スターリンはグルジア人でしたが、実はロシア人以上にロシアを愛し、祖国ロシアを英米の外資や、ナチス・ドイツの侵略から守ったからです。しかし、ランドパワー派の宿命として、共産党は経済のダイナミズムを理解できず、すべてを国家がコントロールできると勘違いしていたのが致命的でした。国営企業の労働者は完全雇用制度のもとでモチベーションを失い、競争の排除によりイノベーションも起こらず、ロシア経済は停滞し続けました。

ソ連共産党に引導を渡したのは、米国との冷戦を終わらせた西欧主義者のゴルバチョフ大統領でした。東欧の民主化運動がソ連本土に及んだとき、彼はこれを受け入れ、独裁を終わらせました。ソ連邦を構成していた一五の共和国は独立し、旧ソ連領土の大半を引き継いだロシア連邦共和国では、西欧主義者のエリツィンが大統領に選ばれました。エリツィンはシーパワー的論理に戻って国を開き、外資を引き入れて再起を図ります。国有企業は民営化され、石油・ガスなどの重要産業は外資や新興財閥（オリガルヒ）に買い叩かれました。大学の学費無料、医療費無料など、社会主義の良い部分もすべて否定され、米国型の弱肉強食の世界がロシアに現出したのです。これはまるで、帝政ロシア末期の繰り返しでした。

これに対する反発が「西欧主義」への嫌悪、「スラヴ主義」への回帰という世論の流れを生みました。このような世論に乗って権力を固めたのが、ソ連時代の情報機関KGB出身のプーチン大統領だったのです。

プーチンは汎スラヴ主義、保守主義者、典型的なランドパワー的指導者です。「偉大なロシア」の復活を掲げるプーチンは、エリツィン時代の行きすぎた自由化を戒め、自ら「ユーラシアン（ユーラシア人）」と称しました。合法・非合法のあらゆる手段を使って外資や新興財閥から国有資産を取り戻し、折からの世界経済の成長と資源価格の高騰を追い風に、ロシア経済を復活させました。プーチンのやり方を批判する新興財閥のオーナーたちは、ホドルコフスキーのように脱税容疑で逮捕されたり、ベレゾフスキーのように遺体で発見されたりしました。

プーチンから見た「統一朝鮮」

ロシアは冷戦時代に北朝鮮をつくった国ですが、プーチンはこれまで米朝交渉を遠くから眺めているだけで、積極的に関与してきませんでした。ウクライナ問題とシリア問題に忙殺され、北朝鮮にかまっている余力がなかったとも言えます。しかし、朝鮮戦争以来、ロシアの基本的なスタンスは、朝鮮半島で米中を争わせ、漁夫の利を得る、というものでした。今回も、米朝ハノイ会談が行き詰まると金正恩《キムジョンウン》に助け船を出し、カードを小出しにしてもっともコストパフォーマンスのいい関わり方を模索しているように見えます。

ロシアが朝鮮に関わるうえでの最終目標は、朝鮮半島に軍港を確保し、中国軍の半島制圧を阻止することです。それを許せば、羅津《ラジン》・清津《チョンジン》といった北朝鮮の軍港を中国海軍が自由に使い、日本海に進出してウラジオストクのロシア太平洋艦隊を脅かすことになるでしょう。中国にとってこの海域は、これから本格化する北極海航路へとつながるのです。この問題は、次項で述べる日露交渉にも関わる話です。

もともと北朝鮮はスターリン時代のソ連をモデルに建国されました。金日成《キムイルソン》はソ連の支援を受けていましたし、中ソ関係が悪化してからは「主体思想」なる特異なイデオロギーを主張している北朝鮮であっても、ロシアから見れば、米国や中国に対する防波堤として利用価値があるのです。

ソ連が崩壊し、中国の急速な経済成長が始まり、北朝鮮は否応なく中国側との関係を強めていきます。同時に、ロシアともシベリア開発などで「協力」し、労働者を派遣して外貨を稼ぐなど、半島国家が得意とする大国の間での遊泳術を発揮し、メリットを享受してきました。ロシアはこうした流れを読み、米朝交渉が行き詰まれば姿を現し、影響力を拡大しようとします。

ロシアにとっての悪夢は、米国または中国が朝鮮半島を完全にコントロールし、ロシアにとっての脅威となることです。「統一朝鮮」が主体（チュチェ）を追求し、米中いずれにも加担しない姿勢を貫くのなら、ロシアにとって好ましい未来像となるでしょう。

日露交渉の背後に米英の野心が見え隠れ

盤石と思われたプーチンの基盤は揺らぎつつあります。その権力の源泉は天然資源ですが、米国のシェールオイル、シェールガスの開発が成功したため、資源価格は下落を続けているからです。何よりも天然資源の価格決定面で、米国の影響力が強くなったのです。これは、米国が中東から米軍を退《ひ》くことの強い動機になると同時に、米国の後釜を狙って暗躍するロシアの影響力を弱めることができます。

一方でこの状況は、日本がプーチンから領土交渉で妥協を引き出す糸口になる可能性があります。

ロシアの中心はあくまでヨーロッパ側であり、ウラル山脈の東のシベリアの開発は進まず、バイカル湖以東の極東ロシアの人口は減り続けています。一方で、南のランドパワー大国である中国は巨大な人口を抱え、大量の中国人不法移民がロシア極東部に流入しています。東北地方（旧満州）に住む中国人は約一億人、極東ロシアに住むロシア人はわずか七〇〇万人であり、その比率は「一〇〇：七」です。

沿海地方（帝政時代の沿海州）は、中国にとっての「北方領土」です。わずか百六十年前、ロシアが清から沿海州を奪取した歴史があるのですから、いつ逆のことが起きても不思議ではないのです。このまま沿海州で中国系移民の人口が増え続け、過半数を超えたとき、北京政府は沿海州の住民に住民投票を呼びかけるでしょう。

図表7-1　ロシアから見た極東

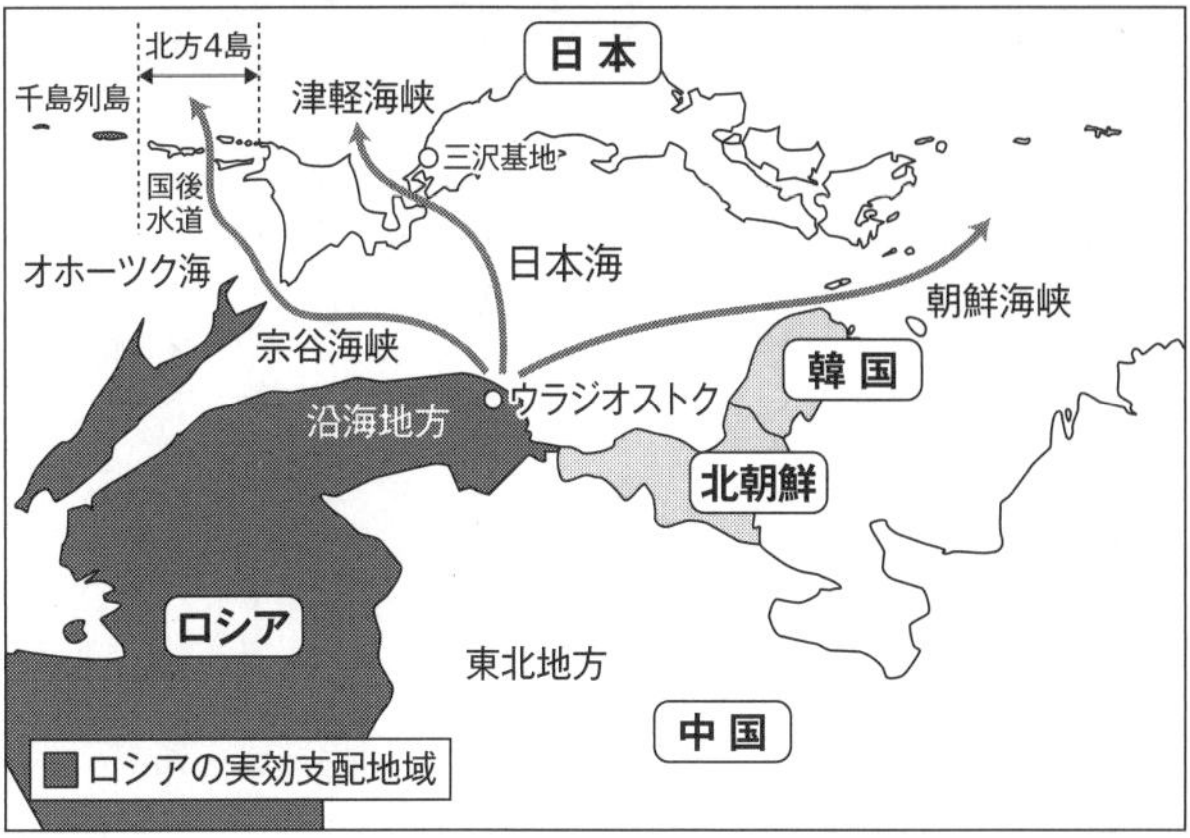

「沿海州はロシアから独立し、中華人民共和国に帰属すべきかどうか」と聞くのです。この結果を受けて、中国が沿海州をロシアから奪っても、プーチンに抗議する資格はありません。これは彼が、クリミア併合の際に使った手だからです。

シベリア開発に外資を入れたいが、中国も米国も選択できないとなると、プーチンは日本や統一朝鮮の資本をうまく利用することを検討するでしょう。日本や統一朝鮮との距離を縮めると、対中、対米戦略上も有効です。これは、東シナ海で中国と対立するためにロシアと協力したい日本にとって、そしてどの大国とも一定の距離を取りたい統一朝鮮にとってもメリットになります。

日本とうまく妥協できれば、ロシアは太平洋に進出するルートを平和的に確保できます。ウラジオストクを出たロシア海軍がオホーツク海へ出るには、宗谷海峡のルートが最短です。その先の千島列島では、国後島《くなしり》と択捉島《えとろふ》の間の国後水道は水深が深く、太平洋で活動するロシア海軍の潜水艦は、ここを出入りしています。もし、日本が求める「四島返還」にロシアが応じれば、米軍は必ず、国後島か択捉島に基地を建設してロシア海軍を監視するでしょう。ロシアが決して四島一括返還に応じないのは、日本の北方領土返還運動の背後に米国がいて、米軍基地を建設すると考えているからです。そのうえ新たな日英同盟や、アジア太平洋版ＮＡＴＯなどという話が出てくればなおさらです。この点で日本から妥協を引き出せるのであれば、平和条約交渉と引き換えに、他の条件との相談にも応じるかもしれません。日本がロシアとの平和条約を結びたいのであれば、この点をどうにか乗り越えなければなりません。

ロシアと中国は永遠の仮想敵同士

日本人にはあまり知られていない中ロ関係についても触れておきましょう。中ロの関係は、歴史的、地政学的には決して良好とは言えません。国境を接するランドパワー同士ですから、セオリー上は敵になりやすく、沿海地方をめぐる潜在的な領土紛争も抱えています。また社会主義国同士にもかかわらず、毛沢東とフルシチョフは公然と対立し、結局は米中接近を許すことになりました。

現在のロシアが反中路線かというと、必ずしも一枚岩ではありません。プーチンの腹心で「二頭体制」を組んでいたメドベージェフは明らかな親中派で、日中の対立では中国側につこうとしていました。また、二〇〇一年には中ロと旧ソ連邦諸国を中心に「上海協力機構」という多国間協力の枠組みが成立しました。経済協力機構として出発しましたが、共同軍事訓練も行い、事実上の軍事同盟として機能する「ユーラシア同盟」です。

結局ロシアから見た中国は、短期的には石油や兵器を買ってくれるお得意さん、米国と対立したときは同じ側に立ってくれそうな「同志」、長期的にはロシア極東を奪い取るかもしれない仮想敵国、というさまざまな顔を持っています。

今後もプーチンは対米政策の都合上、中国と足並みを揃《そろ》えることもあるでしょう。しかしアメリカ主導のもと、世界に「反中包囲網」という構図ができれば、中国と共倒れになることを回避し、米中の間で中立の素振りを見せながら漁夫の利を得ようと画策するはずです。日本の隣国ロシアがこうした国であり、彼らとタフな交渉をするのであれば、その特殊な思考回路を十分に理解したうえで対応しなければならないのです。第二次世界大戦中、日ソ中立条約を結び、彼らの善意に期待して、最後の最後で裏切られたという歴史からも、しっかり学習すべきでしょう。

ロシアとの北方領土問題は中国を利する

対ロシア問題は、東アジアから退《ひ》いていく米国を引き止め、地域の覇権を狙う中国にいかに対応するか、という構図のなかで答えを探す必要があります。

第四章で見てきたとおり、中国は北方の脅威から解放されたとき、海洋進出を図ります。ソ連崩壊とロシアの混乱が、尖閣諸島や南シナ海の島々における中国の軍事的攻勢を可能にしたのです。

対中戦略を考えるうえで、日本が目指すべき方向性は、ロシアと中国が対立するように仕向けることです。逆に中国が狙っているのは、日本が中国ともロシアとも対立を深め、結果的に中ロ同盟の強化を後押ししてくれることです。その場合に中国の切り札になるのが「歴史カード」です。第二次世界大戦の戦勝国である「ロシアと中国vs旧敵国・日本」という図式を描ければいいのです。二〇一五年に北京の天安門広場で開催された抗日戦勝七十周年軍事パレードはその舞台装置となり、習近平はひな壇にプーチンと朴槿恵《パククネ》を立たせたのです。大戦中に日本軍と戦っていた「中国」は蔣介石の中華民国で、毛沢東はゲリラの首領にすぎず、朝鮮半島は大日本帝国の一部であり、朝鮮人は日本兵として戦ったにもかかわらず……。

このような中国の「歴史戦」を無効化するために有効なのが、実はロシア・カードなのです。ロシアとの領土問題を片づければ、中ロ接近にくさびを打ち込めるのです。そこで、日本と米国は対中戦略の観点から、四島返還を諦めて二島返還で妥結し、さらに返還を受けた場所は軍事基地化しないことを約束します。同時に、シベリア開発には日本が協力します。するとロシアにとって日ロ平和条約を結ぶ大きなメリットが生じます。

「ロシアと結べ」という考え方には、必ず日本国内で強い批判が巻き起こります。大戦末期にソ連が日ソ中立条約を破棄して満州国と日本を侵略し、日露戦争で獲得した南樺太のみならず明治初年以来、日本領だった千島列島までも不法占拠し、住民に対して略奪や強姦を働き、日本兵のシベリア抑留まで行ったことを忘れない、だからロシア人は信用できない、というものです。この考えはまったく正しいと思います。

ただ、思い出してほしいのです。国際法を破って日本人を大量に殺戮した国はどこか。市街地への無警告無差別爆撃、広島・長崎への原爆投下、潜水艦による日本の商船への無差別攻撃を行ったのはどこの国か。アメリカ合衆国です。このことも、学校教育で繰り返し教えるべきです。

それでも敗戦後の日本は、共産主義陣営に飲み込まれるよりは米国の同盟国になる道を選び、日米安保条約を結んだのです。その結果、世界が驚くほどの経済発展を短期間で成し遂げ、言論の自由を謳歌しました。歴史を知り、受け継いでいくことと、次の世代の繁栄を考えて長期的な国家戦略を練ることは、別次元の話です。対ロシア外交でも、これとまったく同じことが言えるでしょう。

米中の覇権争いが世界を揺るがすなかで、ロシアは単独で米国に対処することも、中国に対処することもできず、せいぜい「漁夫の利」を狙うことしかできません。プーチンのようなユーラシア主義者は、根本的に欧米とは価値観が合わず、孤立しやすい傾向にあります。ロシアが孤立すればするほど日本に接近し、日ロ平和条約の話を進めやすくなるのです。日本にとっては、米中経済戦争が始まった今後数年間がチャンスです。それでもなお「四島一括返還」にこだわり、ロシアとの一切の対話を拒否する勢力は、愛国者、真正保守勢力のような顔つきを見せつつも、その実態は、〝中国の協力者〟と疑うべきかもしれません。

結論を言いましょう。北方領土問題の解決は後世に委ねてロシアと平和条約を結び、米ロの仲介役を引き受けて日米ロ三国間の同盟を締結するのです。ロシアには極東における軍事的な不安を解消し、中国に対抗しうる同盟国を持つというメリットを与える代わりに、中ロを分断しておくことが大切なのです。

第八章

そして、日本はどうすべきか

シーパワー同盟結成と憲法改正問題

「国連による平和」は幻想である

「国連が世界平和を守ってきた」というのはフィクションです。国連は大国の上に立つ「超国家機関」ではなく、大国の談合組織にすぎないからです。紛争が起きたときに「X国は侵略国である」と認定して経済制裁や武力制裁を発動する組織が国連安保理事会です。一五ヵ国のうち一〇ヵ国は選挙で改選されますが、五ヵ国は常任理事国として第二次世界大戦の戦勝国である五大国（米・英・仏・中・ロ）の「指定席」になっているのです。そして彼らは自分たちが制裁対象とならないように、「拒否権」を行使できるのです。

安保理一五ヵ国のメンバーが圧倒的多数で賛成しても、五大国の一ヵ国でも拒否権を発動すれば、決議案は廃案となります。つまり五大国の侵略行為を、安保理は罰することはできません。だから談合組織なのです。

冷戦時代にソ連は一二〇回以上、米国も八〇回以上、拒否権を発動してきました。本来なら国連が介入して食い止めることのできた戦争や紛争の数が、実際にはこんなにたくさんあったということです。

最近では二〇一四年、ロシアがウクライナ領だったクリミア半島を併合したとき、ロシアへの編入を決めた住民投票を無効とする安保理決議に対し、ロシアは拒否権を発動しました。米国は、中東における同盟国イスラエルの軍事行動を非難する安保理決議に対し、何度も拒否権を発動しています。

第二次世界大戦が終わって七十年以上が経過しました。局地紛争は数多く起きましたが、国連安保理が武力制裁を認めたのは、朝鮮戦争（一九五〇〜五三年）と湾岸戦争（一九九一年）の二回だけです。こうして五大国は、相互に「わがまま」を認め、小国を犠牲にすることで、世界大戦を回避してきたのです。

これは深刻な問題です。日本の領土である北方四島を占領中のロシア、尖閣諸島の領有権を主張する中国は、いずれも安保理で拒否権を発動できます。北方四島に自衛隊が上陸する可能性は限りなくゼロですが、尖閣諸島に中国軍が上陸してくる可能性は否定できません。内閣総理大臣がこれを「有事」と認定して自衛隊が出動し、日中の軍事衝突が起きたとします。日本が国連安保理に訴えて、中国への制裁を求めるでしょう。すると中国は拒否権を発動し、安保理協議はストップします。

国連は、何もしてくれないのです。

さらに問題なのは、国連憲章の「旧敵国条項」です。国連総会で「無効化決議」

がなされましたが、条文の削除には国連総会で三分の二の賛成が必要なため、いまだに条文から削除されていません。これは、「敗戦国のドイツや日本が、第二次世界大戦後の国際秩序を否定するような行動に出た場合、国連加盟国は安保理決議なしに武力行使ができる」という規定です（国連憲章第五三条）。

たとえば中国が、将来の尖閣紛争における自衛隊の派遣は「国際秩序の否定」と見なした場合、単独で日本を「軍事制裁」できるのです。「これは国連憲章で認められた正当な権利であり、侵略には当たらない」と彼らは強弁するでしょう。

大事なことなので繰り返します。国連は、日本を守るために何もしてくれないのです。

大国同士が正面衝突を回避してきたシステムは、拒否権のほかにもう一つあります。核兵器の保有です。米国は、大戦末期の一九四五年に初めて核兵器を開発し、ためらいもなく広島・長崎に投下して数十万人の市民を殺戮し、唯一の核保有国として世界に君臨するはずでした。ところが、ソ連のスパイが原爆開発の情報を盗み出し、四年後にはソ連が核保有国になりました。一九六〇年代には安保理五大国がすべて核武装し、核兵器を無人で運搬できるミサイルも完成しました。

この結果、核保有国の間では、「相手を核攻撃すれば、必ず核による報復攻撃を受ける」という恐怖心が共有され、戦争が不可能になったのです。これを「核抑止力」「恐怖の均衡」などと呼びます。

核抑止力が働いて世界大戦を防止した例が、キューバ危機（一九六二年）です。ソ連がキューバのカストロ反米政権を支援し、核ミサイルを持ち込んだことから、米ソは全面戦争の瀬戸際まで突き進みました。しかし、結局は双方ともに核戦争を恐れ、ソ連が基地を撤去することで妥協が成立したのです。

毛沢東はこれを見て核兵器の有効性を確認し、二年後の一九六四年、第一回東京オリンピックの期間中に、新疆《しんきょう》ウイグル自治区で核実験を強行しました。こうして安保理五大国は相互の核保有を黙認し、談合支配を続けたのです。

原子爆弾の原料は、ウランとプルトニウムです。ウランはウラン鉱山から採掘しますが、プルトニウムは原子炉の中で生成されます。これは原子力発電で使っている原子炉と同じものですので、原発を稼働している国は原子爆弾の原料プルトニウムが入手可能なのです。これを放置すれば、核保有国が世界に広がり（核の拡散）、五大国による世界支配が不可能になります。そこで、核保有国を五大国に限定し、その他の国には核保有を許さない、という「ＮＰＴ（核不拡散条約）」を結び、原発稼働国には、「国際原子力機関（ＩＡＥＡ）」による査察を義務づけました。これをNPT体制と言います。

日本はNPTの優等生です。福島第一原発事故まで、約五〇ヵ所で稼働していた原発はすべてIAEAの査察を受け入れ、プルトニウムは核兵器に転用できないようにガラスで固めて青森県六ヶ所村の地下深くにある処分施設に埋めてきました。日本が溜まり続けるプルトニウムを核兵器に転用するのではないのか、という疑惑は、周辺諸国に対する無言の抑止力になっています。

日本はまた、ミサイル技術も持っています。固形燃料の宇宙ロケットと弾道ミサイルとは、同じ技術だからです。世界にはNPTに入らず核開発を強行したインド・パキスタン、NPTに加盟しながら査察を拒否して核開発に踏み切った北朝鮮のような国があり、NPT体制はガタガタになっています。その一方で、「すべての国が核武装すれば、抑止力が働いて戦争はなくなる」と考えている国際政治学者もいます。

「核シェアリング」か「あいまい戦略」を検討すべし

中国はすでに核を搭載できる中距離ミサイル「東風」を二〇〇発程度保有してい

ます。当然、日本は仮想敵の一つですから、日本の主要都市はすべて攻撃目標と考えられます。

もちろん「統一朝鮮」の核ミサイルへの対処も必要ですが、彼らが「カネづる」と考えている日本に対し、核を使用することは考えにくいでしょう。むしろ日本にとって最大の脅威となっているのは、中国の核ミサイルです。

これに対処するうえで、もっとも合理的な選択肢は、日本も核武装して抑止力を働かせることです。しかし、広島・長崎を経験した被曝国として、また福島第一原発事故を経験した国民には、強烈な核アレルギーがあります。核武装を公約する政党は政権を取れず、核武装に一歩を踏み出した内閣は倒れるでしょう。仮に将来、世論が変わったとしても、「NPTの優等生」という地位を自ら捨て、日米同盟を揺るがせることが国益にかなうとは思えません。トランプは大統領選挙中に、日本や韓国の核武装を認めてもいい、と発言しましたが、大統領当選後はこれを撤回しています。

核武装宣言に代わる方策としては、「核シェアリング」と「あいまい戦略」が考えられます。「核シェアリング」は、米軍の核兵器を共同で使用するという方式です。自衛隊単独で使用の是非を判断することはできず、あくまで米国の許可が必要になります。独自の核実験も、開発や運用のノウハウ取得も不要ですからもっとも簡便で安上がりです。NATO加盟国では、ドイツをはじめ、オランダやベルギー、イタリアが米国と核シェアリングをしています。これが機能するには、日米安保条約の改定が必須でしょう。

米国が今後「一国主義」へと回帰していくとしても、核による抑止力のネットワークを同盟各国の負担増という形で維持していくと考えられます。シーパワー諸国が世界中で米軍の核をシェアできれば、米国が「世界の警察官」をやめても平和は維持できます。

核の「あいまい戦略」とは、核兵器を開発しているのかどうかをあいまいにしておき、周辺国を疑心暗鬼に陥らせ、事実上の抑止力として機能させることです。これを活用しているのはイスラエルです。イスラエルはNPT体制に加盟せず、アラブ諸国に対抗するため、核兵器を開発していると考えられています。しかし、イスラエル政府は核兵器の保有、製造について一切発言せず、「ノーコメント」を貫いてきました。アラブ諸国は核による報復を恐れて、イスラエル攻撃ができなくなっているのです。

日本が「あいまい戦略」をとるには、「非核三原則」の撤廃を宣言すればいいのです。核を「つくらず・持たず・持ち込ませず」という三原則を撤廃するだけで、日本はすでに核を持っているかもしれないし、今後持つかもしれないという疑惑が生まれます。

ただしこの場合も、米国の承認は絶対に必要です。米国に隠れて核を保有することは不可能です。日本が核武装する際には、この流れに乗るしかありません。

日本はシーパワーを貫き、東アジアの覇権を確保

長期的な観点から日本の戦略を考えると、「日本はシーパワーを貫くことがもっとも国益を確保できる」ということを、すでに読者の皆さんはご理解いただいているでしょう。

日本は典型的な海洋国家として、軍事、経済、そして独自の文化形成の面でも大きなメリットを受けてきました。朝鮮半島や中国大陸におけるランドパワーの争いに加わって得たものは、これまでのところ何もありません。大きな犠牲を払って背負わされた「負の遺産」に悩むばかりです。

世界史を振り返れば、ロシアや中国、ドイツのようなランドパワー帝国がシーパ

ワーになろうとして失敗した例が数多くあります。逆に元祖シーパワーの英国は、ランドパワー同盟のＥＵに参加した結果、国論を二分する大混乱を招いています。そうした状況を見ると、世代を超えて地政学の教訓を受け継ぐことの難しさを痛感します。

地政学的に歴史を学べば、日本がシーパワーに徹すべきことは明白です。シーパワーの日本がランドパワーになろうとして失敗した典型例は、豊臣秀吉の朝鮮侵攻であり、昭和の帝国陸軍が主導した中国との戦争でした。軍事的にはもちろん、経済的にも大陸に深入りしてはならないと思います。

シーパワーの日本が果たすべき役割は、東アジアから退《ひ》いていく米国の穴を埋め、バランス・オブ・パワーを維持しつつ、自由と繁栄を志向する海洋アジア諸国の柱として、リーダーシップを発揮することです。ＴＰＰ（環太平洋パートナーシップ協定）を成功させ、将来のアジア太平洋版ＮＡＴＯに発展させることです。

シーパワー英国と強固な同盟を組む

膨張する中国と対峙する日本が、ＥＵから離脱する英国と組むことには大きなメリットがあり、地政学的にも理想的な組み合わせです。

かつて日英同盟が存在した時代、日本は列強の一員と認められ、第一次世界大戦の戦勝国、国際連盟の常任理事国にまでなりました。ところが一九三〇年代の恐慌のなかで、英米のシーパワー的自由主義を敵視し、ソ連やドイツのランドパワー的全体主義を賛美する「革新勢力」が台頭した結果、日独伊三国同盟・日ソ中立条約を結び、英米との大東亜戦争を引き起こして国を滅ぼしたのです。

英国もまた、大戦後の植民地独立、シーパワー帝国の崩壊という危機的状況に対処するため、欧州大陸の市場確保のため、EUのメンバーになりました。しかし英国の産業は復活せず、移民労働者ばかりが流入して社会的コストが増大していきました。英国民はようやく失敗に気づき、EU離脱を選択したのです。

EUに代わるマーケットとして英国が注目したのが、環太平洋の自由貿易協定――TPPでした。豪州やニュージーランドはいまも英連邦の一員ですし、英国自体も太平洋にピトケアン諸島という海外領土を保有しているため、「太平洋国家」の一員なのです。

安全保障面でも対中国を見据えた日英の協力が始まりました。英陸軍と陸上自衛隊の合同訓練が行われ、英海軍と海上自衛隊は南シナ海での「航行の自由」作戦に参加、フランス海軍もこれに参加しました。日本海では北朝鮮への密輸を監視する日米豪仏の有志連合軍に英海軍も参加しています。

英海軍は近い将来、東南アジアに海軍の拠点を再建する計画があります。これは一九六八年にスエズ運河以東からの撤退を表明して以来の大転換です。英国は米国と特別な関係にある同盟国ですから、日米安保を補う存在ともなります。世界経済三位の日本と六位の英国が事実上のシーパワー同盟を組めば、豪州・インドもこれに参加するでしょう。

シーパワーの英国は、合理性だけで動くドライな国です。ランドパワーのようにイデオロギーや感情を重視しません。利益を共有できる間は同盟関係を継続できますが、メリットがなくなれば途端に手を切ることもあり得ます。この発想も日本が見習うべきです。

先進国並みの情報機関を設置し、スパイ防止法を制定する

インド・太平洋で多国間の枠組みの安全保障体制を整備する際に、どうしても必要になるのは情報機関です。日本は、敗戦時に情報官庁だった内務省を解体してし

まい、内閣官房、外務省、警察、公安調査庁、自衛隊など各組織の調査機関がバラバラに情報を集めているのが現状です。これらの情報を統合し、分析する機関がないのです。

安倍政権のもとで、公務員の秘密漏洩を罰する特定秘密保護法が二〇一四年に施行され、政府と自衛隊が情報を共有する国家安全保障会議（日本版ＮＳＣ）も発足しました。ところがスパイ行為自体を取り締まり、処罰するスパイ防止法は、いまだに存在しないのです。外国人のスパイは、住居侵入などの別件逮捕に頼らざるを得ず、微罪で釈放されています。日本は「スパイ天国」なのです。

米国の中央情報局（ＣＩＡ）や英国の秘密情報部（通称ＭＩ６）のカウンターパートは内閣情報調査室になっていますが、情報がスパイに漏洩するリスクが高すぎるため、相手側は情報提供に慎重になります。少なくとも米国や英国と同様の情報機関を設立し、スパイ防止法を整備しなければならないのは当然です。これに反対する人々は、よほど後ろめたいことがあるのでしょう。

改憲論議は国連憲章の活用で解決する

最後に、憲法改正をどうするべきかについて述べておきます。

日本国憲法の第九条はもちろん改正すべきと考えます。しかし、憲法改正には国会の両院三分の二の賛成で発議し、国民投票で過半数が必要（日本国憲法第九六条）という、高いハードルがあります。

「改正する・改正しない」で国論を二分している間も、危機はどんどん進行します。最悪なのは、改憲にこだわるあまり安全保障の本質的な議論が進まず、「時間切れ」の事態を招くことです。

自衛隊を憲法に明記しようと、名称が国軍になろうと、究極的には国家と国民の生命、財産を守れなければどうしようもありません。現行憲法の解釈改憲を続けても仕方ないでしょう。英国にはそもそも明文化された憲法がなく、議会制定法や判例の蓄積が「憲法」と見なされています。

国連憲章では、国連安保理の決議による多国籍軍の派遣が可能ですが、前述のとおり五大国の「拒否権」という壁があるため、安保理決議には何も期待できません。そこで国連憲章は、安保理が機能しない場合に備えて、加盟国が個別的および集団的自衛権を行使することを容認しています（国連憲章第五一条）。日本は国連加盟国ですから、個別的および集団的自衛の権利を持っているのです。このロジックを改憲論議にそのまま応用すればよいのです。

現行の日本国憲法第九条

(1)日本国民は、正義と秩序を基調とする国際平和を誠実に希求し、国権の発動たる戦争と、武力による威嚇又は武力の行使は、国際紛争を解決する手段としては、永久にこれを放棄する。

(2)前項の目的を達するため、陸海空軍その他の戦力は、これを保持しない。国の交戦権は、これを認めない。

は、このままにして、次の「第3項」を加えるだけでよいのです。

(3)前2項の規定は、国連憲章に定める個別的または集団的自衛の権利を妨げるものではない。

国連が大好きな護憲派の方々も、これなら納得してくれるでしょう。

おわりに

歴史とは、未来予測の学問だと思います。

それぞれの民族が数百年、数千年にわたって培ってきた性格、行動パターンというものがあり、形状記憶合金のように同じ行動を繰り返すからです。これを国民性と呼びます。

国民性は、自然環境に大きく影響されます。日本人の穏やかさは、この温暖湿潤な列島で育まれ、アラブ人やユダヤ人の苛烈さは、あの乾ききった不毛の大地で培われました。同じ「東アジア」とひとくくりにされますが、大陸アジアの中・朝と、海洋アジアの日・台とでは、国民性がまったく違います。

国家の行動を地理的条件から説明する地政学も、だから国民性を理解するうえでも有効なのです。

なぜ隣国とわかり合えないのか？

「地理的条件が違うから」です。

それぞれの民族集団の行動パターンが読めれば、今後数十年の動きを予想することも可能です。本書では、二十一世紀の第一四半期くらいを視野に、東アジア諸国がどのように離合集散するのかを予想してみました。すると、朝鮮半島の統一、米朝接近、東アジア海洋国家連合の形成という図式が、おぼろげながら見えてきました。

本書の内容は、悟空出版編集部での十二時間におよぶインタビューをベースとし、大幅加筆したものです。台湾の章はインタビューにはなかったので、書き下ろしとさせていただきました。

「東アジア地政学」という企画をいただいた段階で、編集部に特にお願いしたことは、

「嫌韓本・反中本として書店に並ばないようにしてください」

ということでした。

私は大学受験予備校で世界史を教えていますので、教え子には中国系の子も、半島系の子もたくさんいます。彼らが読んでも納得してもらえるように、できるだけ客観的、かつ中立的な記述になるよう気をつかいました。

それでも中国や朝鮮半島に対しては、厳しい見方をしたかもしれません。それ

は、これらの地域で今も続いている一党独裁、人権抑圧体制に対する批判であり、中国人民、朝鮮人民の側に立った批判なのです。むしろこのような政権との「友好」を唱える者たちこそ、「自由を求めるアジア諸国民の敵」であると私は考えています。

東アジアのそれぞれの民族が自主独立を保ちつつも、個人の自由が保障され、民主的な政治体制のもとで生きられる日が来ることを、私は心から願っています。

悟空出版の佐藤幸一社長には、本書を公刊する機会を与えていただいたことを感謝します。

同社編集部の白石泰稔部長、原田明編集長、ライターの増澤健太郎さんには長時間の取材にお付き合いいただき、ありがとうございました。

二〇一九年、令和改元の皐月

茂木　誠

文庫版あとがき

本書は、二〇一九年、令和改元の直後に悟空出版から刊行されました。それから二年しか経っていませんが、隔世の感があります。

二〇二〇年には世界規模でのコロナ禍がはじまり、世界の主要都市ではロックダウンが行われ、日本でも緊急事態宣言が出された結果、経済活動に甚大な影響を与えました。

日本では、史上最長を記録した第二次安倍内閣が首相の健康問題により菅《すが》内閣に交代しました。米国大統領選ではコロナを理由とした郵便投票が行われた結果、さまざまな「想定外のできごと」「異様なできごと」が発生し、それらすべてが民主党に有利に働き、トランプ大統領の再選が阻止され、民主党バイデン政権が発足しました。

安倍・トランプという「反中共コンビ」のあいつぐ退陣は、中国・習近平政権にとっては、盆と正月が一緒に来たようなめでたさであり、台湾や尖閣諸島に対する領空侵犯・領海侵犯がエスカレートしています。安全保障政策に疎い民主党が米国の政権を担うとき、敵対国が増長して必ず戦争が起こる、というのが世界史の鉄則なのです。二〇二四年までの四年間は、台湾・尖閣海域で何が起こっても不思議ではありません。

朝鮮半島では北の最高指導者・金正恩がほとんど姿を現さなくなり、健康不安説がささやかれました。南では文在寅政権がますます北への従属を強め、司法制度改革により三権分立も形骸化しようとしています。

日本にとって、東アジア情勢はますます悪い方向へ向かっています。

そもそもなぜ中国は海へ出ようとするのか、なぜ韓国は「反日」が国是となってしまったのか、台湾はどこへ向かうのか、ロシアは何を考えているのか——その根本部分から理解しておけば、目先のできごとに右往左往しなくなります。

本書は地政学という観点から、東アジアのプレーヤー七カ国の動きを読み解いたものです。地理的条件は不変ですから、未来予測もできるのです。

このたび、ＰＨＰ文庫から再び世に出る機会を与えていただき、多少の加筆をしました。文庫という形で一人でも多くの方々の目に触れ、この国の将来を考えるきっかけにしていただければ、著者として望外の喜びです。

茂木　誠

二〇二一年二月

著者紹介
茂木 誠（もぎ まこと）
歴史系YouTuber、著述家、予備校講師。
駿台予備学校、ネット配信のＮ予備校で世界史を担当し、iPadを駆使した独自の視覚的授業が好評。
世界史の受験参考書のほか一般向けの著書に、『経済は世界史から学べ！』（ダイヤモンド社）、『世界史で学べ！ 地政学』（祥伝社）、「ニュースのなぜ？は世界史に学べ」シリーズ（ＳＢ新書）、『世界史とつなげて学べ 超日本史』（ＫＡＤＯＫＡＷＡ）、『「戦争と平和」の世界史』（ＴＡＣ出版）、『米中激突の地政学』（ワック）、『テレビが伝えない国際ニュースの真相』（ＳＢ新書）、『世界の今を読み解く「政治思想マトリックス」』（ＰＨＰ研究所）など。YouTubeもぎせかチャンネルで歴史と時事問題について発信中。

ホームページ：mogiseka.com

編集協力：増澤健太郎
人物イラスト：茂木 誠

本書は、2019年６月に悟空出版から刊行された作品を加筆・修正したものです。

ＰＨＰ文庫　日本人が知るべき東アジアの地政学

2021年４月15日　第１版第１刷
2022年６月10日　第１版第５刷

著　者　茂木　誠
発行者　永田貴之
発行所　株式会社ＰＨＰ研究所
東京本部　〒135-8137　江東区豊洲5-6-52
ＰＨＰ文庫出版部　☎03-3520-9617（編集）
普及部　☎03-3520-9630（販売）
京都本部　〒601-8411　京都市南区西九条北ノ内町11

PHP INTERFACE　https://www.php.co.jp/

組　版　株式会社PHPエディターズ・グループ
印刷所　株式会社光邦
製本所　東京美術紙工協業組合

ISBN978-4-569-90126-8

PHP文庫

学校では教えてくれない江戸・幕末史の授業

井沢元彦 著

幕府が開国しなかった理由、「生類憐みの令」の真の目的、朱子学が幕府を滅ぼした訳とは……教科書ではわからない「徳川300年の闇」を暴く！